世界文明故事

神的旨意：
古希腊狂欢

李彦 编著

中国画报出版社·北京

图书在版编目（CIP）数据

神的旨意：古希腊狂欢／李彦编著．—北京：中国画报出版社，2009.4（2025.1重印）

ISBN 978-7-80220-482-9

Ⅰ．神… Ⅱ．李… Ⅲ．文化史－古希腊－通俗读物 Ⅳ．K125-49

中国版本图书馆 CIP 数据核字（2009）第 056634 号

神的旨意：古希腊狂欢　　　　　　　　　　　　　　　　　李彦　编著

出 版 人：	田　辉
责任编辑：	齐丽华
出　　版：	中国画报出版社
地　　址：	中国北京市海淀区车公庄西路 33 号，邮编：100048
电　　话：	010-88417359（总编室兼传真）　010-88417359（版权部）
	010-88417418（发行部）　010-68414683（发行部传真）
印　　刷：	三河市兴国印务有限公司
监　　印：	敖　晔
经　　销：	新华书店
开　　本：	700mm×1000mm　1/16
印　　张：	13
字　　数：	250 千字
插　　图：	400
版　　次：	2009 年 5 月第 1 版　2025 年 1 月第 2 次印刷
书　　号：	ISBN 978-7-80220-482-9
定　　价：	78.00 元

如发现印装质量问题，请与承印厂联系调换。

版权所有，翻印必究；未经许可，不得转载！

神的旨意:古希腊狂欢

前言

19世纪中期，德国考古学家谢里曼发现了古希腊特洛伊城的遗址，通过对大量实物的研究，他认定特洛伊的故事是真实的。

这是一场人神合一，进行了十年的战争，由此引出了著名的"荷马史诗"。虽然后来很多考古学家持怀疑态度，但古希腊人对神的崇敬是不可怀疑的。古希腊是欧洲文明的发源地和摇篮，没有古希腊，无法想象欧洲文明会是什么样子。今日西方世界无处不遗存着古希腊文明的传统。在这里，藏有许多吸引人们前来探访的谜一样的东西。而且，古希腊文明出现得相当突然，这就是众多谜中的一个，很多学者和古希腊的爱好者对此进行了长期的探索。

璀璨的古希腊地区的文明起源可追溯到公元前5000年左右，从那时候开始，古希腊文明就逐渐进步，但在2000年后却又突然改变为以青铜器为主体的金属时代。但是这些文明在公元前1200年左右，又如谜一般地消失了。而后的400年，古希腊处于所谓的"黑暗时代"的文明谷底。在经过4个世纪的黑暗时代后，到了公元前8世纪，古希腊文明又突然以超高形态出现，而且其文明程度远远超过人们的想象。现今的音乐、美术、文学、哲学、数学、医学、物理学、化学等，这些学术上的源流，几乎全来自古希腊文明，没有古希腊文明，这些学术就没有今天的成就。在高度文明的背后，究竟潜藏着什么力量呢，难道具有高度知识与技术的古希腊人真的是按照神的指示来行动的吗？

如此高度的文明，为何会突然出现在黑暗时代之后呢？所谓的文明并不是突然达到如此高度的，它应该是一步步慢慢发展的。但是，有关古希腊文明却无法以一般常识来解释，或许那是由于有具备高度知识与技术的"某种物体"有意识地介入，而能在短期内创造出高程度的结果。换句话说，它所采取的就是非一般式的特别方法，如"神"的指示。在古希腊时代，小到遗失东西，大到一国的命运，全都要与神明商量。当时古希腊人的行动标准，一般都是根据神明的指示。考古学家在遗迹中发现，古希腊是一个飘荡着灵气的神秘国度。在古希腊有很多接受信息的"神论所"，著名的阿波罗神殿不仅仅是古希腊的朝拜圣地，更是预言命中率相当高的神秘之所。

当然，发生重大事件时，祈求神明指示的习惯，在古代东西方都是一样的，无须大惊小怪，但是古希腊的情形却有许多不同的地方。他们一方面建立了高度的科学文明，而另一方面却将一切委托给与科学相反的神明，这样的行径的确很奇怪。也许，"神的指示"才是解开古希腊文明之谜的关键吧！

蔚蓝的天空、灿烂的阳光、不断闪烁的爱琴海、白色墙壁的小屋、绿色的树林……这便是风光旖旎的现代希腊，一个令人向往的地方。暮色中的卫城庄严而祥和，古代伟人和那些神话人物使古希腊遗留下来的一砖一瓦都散发着一种神秘的魅力，吸引你、震撼你，也安抚着你。在雅典，无论从哪个方向你都可以看到海拔156米的卫城，而位于卫城最高处的巴特农神庙则是卫城最耀眼的明珠，也是举世闻名的古代七大奇观之一。虽然经过岁月的洗礼，但仍可从这气势磅礴的柱子感受它当年的辉煌。

本书将通过对古希腊文明各个时期深入细致的探索，包括她的遗址遗迹、迷宫庙宇、千古之谜等，为您再现"爱琴文明"曾经的辉煌篇章。希望能带给您美的享受，解开您心中对这片神秘世界的困惑。

目录

**第一章　古希腊文明是
　　　　　西方文明的摇篮** /9
　　　西方文明的源头 /10
　　　奇特的爱琴文明 /12
　　　古希腊城邦文明 /16
　　　人类最早民主制度的诞生 /19
　　　古希腊文明走向衰落 /21
　　　内忧外患走向灭亡 /25

第二章　建立在颂扬神灵上的文化 /27
　　　谜团重重的文字符号 /28
　　　"荷马史诗"之谜 /30
　　　歌颂酒神的戏剧 /34
　　　神的旨意至高无上 /38
　　　文学抒写神和人的故事 /43

第三章　废墟中解读古希腊 /49
　　　永恒的女体雕像 /50
　　　神秘的绘画风格 /58
　　　奇异的雕刻艺术 /62
　　　繁荣的宫殿建筑 /67

**第四章　高度发达的
　　　　　古希腊科学与文化** /73
　　　古希腊的科学
　　　　　　与文化来自东方的影响 /74
　　　"地心说"：统治世界13个世纪 /80
　　　数学与逻辑思维 /82
　　　阿基米德的传奇 /88
　　　亚里士多德的生物学 /93

第五章　伟大的古希腊哲学 /99
　　　古希腊哲学产生的原因 /100

　　　　百花齐放的哲学学派 /102
　　　　《理想国》与"哲学王"思想 /105
　　　　只有在古希腊，
　　　　　　哲学才能发扬光大 /109
第六章　古老的奥林匹亚山 /115
　　　　古代奥运会 /116
　　　　人神共庆的狂欢 /121
　　　　古希腊奥林匹亚遗址 /125
　　　　普罗米修斯盗火 /127
　　　　古希腊妇女不许竞技 /131
　　　　竞技场上的英雄 /135
第七章　湮没的克里特 /139
　　　　神秘的克里特文明 /140
　　　　米诺斯牛的传说 /145
　　　　神秘的地下迷宫 /149
　　　　克诺索斯迷宫的消失 /153
　　　　迈锡尼文明的兴衰 /156
第八章　古希腊的战争 /161
　　　　激战马拉松 /162
　　　　血腥的温泉关战役 /166
　　　　太阳神的预言 /171
　　　　对希波战争的评价 /175
　　　　兵败西西里 /180
　　　　亚历山大兵发波斯 /184
第九章　古希腊的未解之谜 /189
　　　　大西洲在哪里？/190
　　　　亚历山大死亡之谜 /194
　　　　木马屠城之谜 /201
　　　　"阿基米德羊皮书"之谜 /205

第一章
古希腊文明是西方文明的摇篮

在遥远而神秘的古希腊神话中，克里特的米诺斯王修建了一座非常复杂并且庞大的迷宫，人们一旦进去后就再也出不来。长久以来，人们认为这只是神话传说而已。

让人惊叹的是，1900年英国考古学家阿瑟·伊文思经过实地考察，证明在古希腊的克里特岛上，确有这样一座迷宫——克诺索斯王宫。

流传数千年的神话得到了印证，西方文明的源头就此被发现，尘封数千年的文明被揭开了一角……

▲伯里克利是雅典最受欢迎的政治家

西方文明的源头

在阿尔卑斯—喀尔巴阡山延伸出来的巴尔干山脉,隔开了一片土地,这片古老的土地一直延伸到海洋,凝望着几个海岛。这里曾经兴起过神奇的古希腊文明,是西方文明的发源地……

古希腊史是西方文明史的开端,其创造者是居住在古希腊半岛、爱琴海诸岛、小亚细亚西岸、黑海沿岸、南意大利、西西里岛的古希腊人。古希腊半岛是古希腊人活动的中心舞台,对古希腊史具有决定性的意义。在古希腊半岛上兴起了神奇灿烂的文明。

古希腊半岛的一个地理特点是靠近西亚和北非,这使古希腊同小亚细亚始终保持着密切联系,从而成为欧洲最早接受西亚农业与青铜文化的地区,成为最早进入文明的地区。另一个地理特点是多山、耕地有限。整个半岛山脉纵横,八成是山地,其间点缀着一些小平原。巴尔干山脉的支脉把全岛分成北、中、南三部分。北古希腊包括伊庇鲁斯山区和帖撒利平原。中古希腊和北古希腊由一条险要的狭道温泉关将彼此相连。阿提卡和彼奥提亚两地区在中古希腊最为有名。南古希腊是半岛中的小半岛,称为伯罗奔尼撒半岛,只有一条狭窄的峡谷与中古希腊连结,因而自成一体,较为封闭。

古希腊半岛沃土不多,这

▲古代希腊地理示意图

▲古希腊人用于存储食物和酒的大陶瓮，从纹路中可看到做工的精美

迫使古希腊人竭力利用每一块可耕作的河谷地、近海小平原和山坡地，种植地中海地区的主要作物，如大麦、小麦、橄榄、葡萄、蔬菜。因为地少人多，古希腊半岛的粮食自给常出现困难，人们很早就被迫向岛外殖民，开辟新的家园。

古希腊半岛山中盛产大理石和高质量的陶土，有利于建筑、造型艺术和制陶业的发展。山中还蕴藏着古人可利用的铜、铁、金、银矿，对冶金业和商业十分有利。此外，古希腊半岛三面环水，港湾众多，特别是在通向西亚的航路上遍布岛屿，必须在爱琴海上航行，遂产生了爱琴文明。爱琴文化的盛行要归功于航海业的发展，有利的航海条件促进了古希腊以手工制品和原料为主的对外贸易，航海业的发展除了带给古希腊人巨大的经济利益，还使他们有更多机会与其他民族交流，在吸收新思想的同时激发自己的创造力，因此航海业与海军在古希腊有特殊的意义。

▶黑暗时代的陶器，装饰着精美的几何图案

建在山丘上的城市

了解古希腊神话，或者读过《伊利亚特》的人，都知道阿伽门农率领古希腊人进行了一场特洛伊战争，19世纪的考古发现证明了这次战争的真实性。它揭开了在古希腊之前还曾兴盛过两个伟大的文明，即克里特文明和迈锡尼文明。迈锡尼文明位于古希腊大陆，其开端可追溯到公元前2200年。迈锡尼人非常适应战争，他们的城市都建在山丘顶部，防御严密。但是，后来还是被多利安人灭亡。

▲基克拉底斯出土的大理石雕像，约公元前2500年

奇特的爱琴文明

考古学家在克里特岛发现了线形文字A，在古希腊本土的迈锡尼地区发现了线形文字B，并且出土了大量的石器、陶器、青铜器等手工艺品，和数十座巨大的宫殿遗址，这里是爱琴文明的发祥地。让我们跟随岁月的脚步一同走进4000多年前的爱琴海地区，揭开那尘封已久的辉煌文明。

爱琴文明指公元前2000年左右，分布于克里特岛及其周围地区，以及古希腊大陆的青铜时代文明。其中，最突出的是克里特文明和迈锡尼文明。爱琴文明历时约800年，当时出现了一些奴隶制城邦，有的盛极一时。后来，一批相对落后的部落从北方进入古希腊南部，城邦被毁，爱琴文明没落了。

古希腊的文明可追溯到公元前7000年前的旧石器时代，那时的人们还只是以狩猎和采集为生。进入新石器时代（公元前7000—前4000年）后，那些定居下来的农耕者和畜牧者从事着许多不同的活动，其中在爱琴海上进行航海事业是一个重要部分。可以肯定地说，爱琴海对这一地区的发展功不可没。

克里特文明

和世界上很多失落的文明一样，克里特文明也充满了神话色彩，是神话引领人们去寻找她的踪迹。克里特文明曾经辉煌，最先找到证据的是考古学家阿瑟·伊文思，他发现了一个宫殿的废墟，这个废墟后来被证实是米诺斯王宫遗址，从而逐步揭开了古老的克里特的面纱。

克里特文明产生较早，它是爱琴海第一大岛，东西长约250公里，南北宽约12～60公里不等。岛上气候宜人，树木葱茏，在新石器时期吸引来第一批居民。到公元前3000年以后，经济和社会发展已超过古希腊半岛。在公元前2200—前2000年，岛上兴起了几个小王国——克诺索斯、法埃斯特、马利亚等。根据考古材料，以王宫为中心的克里特文明的演进可分成两个时期：早王宫时期，小国分立时期（约公元前2000—前1700年）；晚王宫时期，统一的克里特王国时期（约公元前1700—

▲克诺索斯出土的米诺斯陶罐，上面的图案显示了当时武器的发展情况，约公元前1450年—前1400年

前1400年）。

早王宫时期的社会经济状况较为清楚。农业和手工业已有分工。农作物品种以大麦、小麦、橄榄、葡萄为主，手工业有突出进步。青铜器、金银器、陶器较过去增多，工艺较复杂，如彩陶瓶竟被加工得薄如蛋壳，还绘有生动的图案。在建筑业方面，能修筑大型王宫。该时期还产生了文字，先是图画文字，后变为象形字。国王居于宽大宫室之中，拥有金银、象牙制品，普通居民住在穷街陋巷里，用具简单。在克诺索斯王宫周围，几万居民拥挤地居住在一起。

公元前1700年左右，各处王宫被毁，原因不详。不久，规模更为宏大的王宫建筑群建了起来，如克诺索斯的所谓米诺斯王宫，依山而建，层层相连，中央有一长方形庭院，四周围绕富丽的宫室。室内陈设着陶器、雕塑、金银器皿，四壁是多彩的壁画。画中题材多样，从贵妇、少女到花鸟草虫、斗牛场面，均以写实主义的笔触画就，洋溢着和平气息。米诺斯王宫是克里特宫殿中规模最大的一座，其内还设有手工作坊、仓库、监狱，结合古代传说，可能克里特文明发展到繁盛时期，克诺索斯王国已统一全岛，甚至一度把爱琴海许多岛屿和阿提卡纳入自己的势力范围。农业、手工业、商业繁荣。作为经济发展尺度的铜币、青铜币出现，海外贸易兴盛。思想文化方面产生线形文字，约有132个符号，目前尚未被释读。

▲克里特岛上克诺索斯王宫壁画上所描绘的米诺斯青年男子的形象

克里特的宫殿

在公元前2000年—前1000年间，克里特文明在此地生根。克里特文明的最大特征是宫殿的修筑。人们在宫殿中进行一系列的活动，包括宗教活动、农业生产、工艺制造、贸易和国际交往。大部分的文字，包括至今仍未被破解的用象形文字和A类线形文字撰写的文本，也都保留在宫殿内。

▼克里特岛考古遗址图

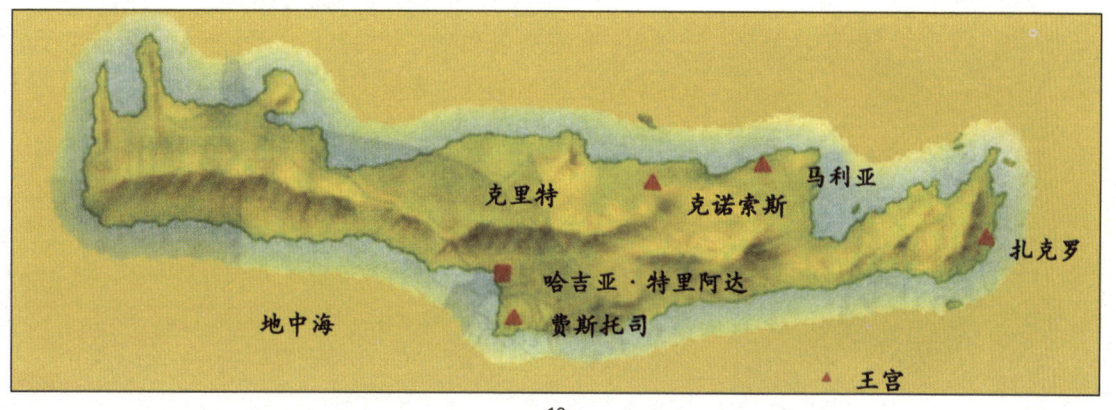

公元前 1400 年，米诺斯王宫和克里特的其他城市建筑遭受毁灭性破坏，历史学家推测是由说着印欧语的阿开亚人入主克里特所致。从此克里特处于迈锡尼文明的影响之下，克里特文明也逐渐被人遗忘。

迈锡尼文明

迈锡尼文明证据的发现是从"荷马史诗"和特洛伊战争故事开始的，在没有找到实物证据之前，大多数科学家、考古学家对此持怀疑态度，但是业余考古爱好者谢里曼对特洛伊的记载深信不疑。当时的人们认为他有幻想症，但他坚持了自己的观点，并组织大量工人进行发掘，传说中的特洛伊古城遗址就这样被一锹一锹地挖掘出来，展示在世人面前。

迈锡尼文明形成于公元前 1500 年。当时，一系列小王国出现在南古希腊，其中以迈锡尼、提林斯、派罗斯、斯巴达最为著名。另外，中古希腊的雅典、底比斯、格拉等地亦有王宫出现。迈锡尼式的王宫式样近似克里特王宫，但宫址却选在山丘之上，并有厚高的城墙环绕，形成一座小型城堡。城堡内设有王室的陵墓，这显然是出于对安全的考虑。迈锡尼文明时期，各国处在一种紧张的氛围之中，连少量壁画和雕刻作品也充满好勇斗狠的勇士气息，与克里特文明时期的风格迥然不同。

迈锡尼文明各国的经济基础是土地双重所有制，即土地财产的私有制和公有制并存，这是早期阶级社会共有的特点。国家的统治者照例是大土地所有者。国王有地 30 单位，拉瓦盖塔斯和科来塔有地 10 单位。村社成员只有村社公有土地的占有权，每人占有的面积不足 1 单位，还需租种部分公有土地才可为生。迈锡尼文明的土地私有制还不发达，尚未充分地排挤公有制。

迈锡尼等国已形成阶梯状的社会阶级结构。最下层是奴隶阶级。男奴称 do-e-ro，女奴称 do-e-ra，集中

▲保存得非常完整的克诺索斯国王的宝座，看得出当时王朝的威严

▼在迈锡尼遗址中发现的金罐，从形状上看好似动物的头

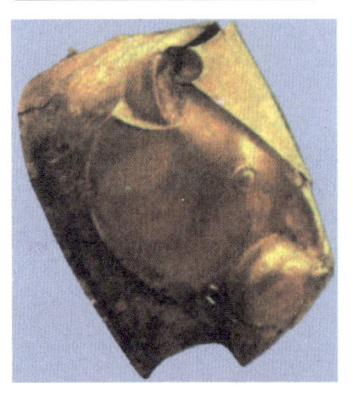

▲大理石的小雕像，一个正在进行祭祀的米诺斯的女祭司

没有姓名的王朝

根据阿开亚人所使用的线形文字记载，迈锡尼文明诸国的国家的政体为君主制，国王称瓦纳克斯。国王之下有一批官僚，其中重要官职称拉瓦盖塔斯，可能是军事将领。还有科来塔等一系列职位，但职能不详。迈锡尼文明时期已形成一套官僚体制。有趣的是，迈锡尼文明时期的国君和官员都不留姓名，或者他们本来就没有留名的意识，所以至今人们对他们的王朝世系一无所知。

▲迈锡尼壁画中的官廷侍者，情态动作栩栩如生

在国王与达官贵人家中劳动，仅派罗斯王宫中就有奴隶500人。奴隶阶级之上是与贵族相对立的平民大众，从事农业和手工业生产。农民居住在城外的村社之中，目前已发掘出约400个属于迈锡尼文明时期的农业居民点。手工业者集中在城内，迈锡尼王宫附近就有一个手工业者居住区，另外商人阶层也已存在。以国王为首的奴隶主阶级是社会的统治阶级，在当时生产力还不发达的情况下，他们依靠剥削奴隶和小生产者积聚起大量财富。派罗斯宫中有800个陶缸，许多大陶缸用以存放从各地搜刮来的剩余产品。

▼从迈锡尼墓地里发现的黄金饮杯，迈锡尼贵族的陪葬品

迈锡尼文明的鼎盛时期在公元前13世纪左右。其势力扩展到整个爱琴海，曾击灭赫梯王国，并在公元前1240年左右攻打小亚细亚的国家伊利斯，由此衍生出许多段曲折动人的故事，被后来吟游诗人反复诵唱修改，遂成"荷马史诗"，流传后世。

公元前13世纪末至公元前12世纪，古希腊受到入侵浪潮的冲击。考古资料表明，入侵的开始方向可能在靠近古希腊西北的伊利里亚附近。入侵者所过之处只留下废墟，未留下任何可以证明其身份的遗物，哪怕是一个氏族。古希腊人自己说入侵者是多利安人。他们占领北古希腊的伊庇鲁斯，中古希腊的阿卡纳尼亚、埃利斯等地，余部扫过中古希腊，占据南古希腊大部。然后进占克里特与一些爱琴海岛屿，使这些地方均成为后来多利安人的居住区。

▲金质剑柄的宝剑，从这可以看到迈锡尼文明的发展，也为侵略扩张创造了条件

▲用来进行宗教仪式的鸭形水晶器皿，表明了当时奴隶主们的富庶

古希腊城邦文明

古希腊城邦文明没有出现像迈锡尼那样的疑惑,因为这一时期,古希腊已经进入铁器时代,文字记载比较详实,这一时期遗迹、遗址也比较丰富。

可以说,古希腊文明前期的最显著的见证就要数斯巴达和雅典的古城邦遗址,宽阔的大街、辉煌的宫殿、雄伟的城门……无不显示了那个时期劳动人民的智慧和汗水。看着这些遗址、遗迹,让人遥想当年古希腊城邦拔地而起的壮观景象……

公元前8世纪,古希腊本土和小亚细亚海岸开始出现一些由古希腊人建立的城邦,其中最主要的就是斯巴达和雅典。

斯巴达城邦

斯巴达是位于伯罗奔尼撒半岛南部的古代希腊著名城邦。大约在公元前10世纪,入侵的多利安人建立了斯巴达城,最初的斯巴达是由四个村庄组成的,直到公元前4世纪也没有城墙。这些多利安人就是斯巴达人,他们逐渐征服了周围一些地区,建立了斯巴达城邦国家。在斯巴达,斯巴达人是享有统治权力的奴隶主阶级,他们是城邦中的全权公民,斯巴达的男性公民是斯巴达国家统治者。斯巴达人把被征服的土著居民大部分变为奴隶,称为"希洛人",小部分驱逐到边区,称为"皮里阿西人"。

◀公元前5世纪威武的斯巴达武士青铜雕像

▼位于雅典的雅典娜神殿,约公元前520年建成。有雄伟的殿门,巨大的石柱

▲斯巴达女孩的青铜雕像，约公元前530年，斯巴达姑娘们穿着短裙进行体育比赛这一做法，让不允许妇女参加体育活动的雅典人很是吃惊

公元前5世纪，斯巴达人大约有9000户，每户从国家领得一份土地和耕种土地的希洛人。土地和奴隶的所有权属于国家，不得转让买卖，以防斯巴达人财产分化。希洛人是斯巴达人集体所有的奴隶，是被征服的土著居民，约有20万人。他们住在斯巴达人的庄外固定土地上，有自己的家庭，带着自己的农具和种子给斯巴达人耕种，每年向主人缴纳大量谷物和乳酪。他们没有人身自由，战时还要担负运输、修筑工事等劳役。斯巴达人对希洛人严加防范，为了巩固统治，每年监察官上任，就屠杀一次希洛人，以铲除可疑分子和体力、能力较强的人，防止他们造反。为了镇压人数众多的奴隶，斯巴达人规定了严格的公民军事训练制度。之后，他们就用强兵威胁邻邦，扩张自己的势力。

▲许多斯巴达的雕刻，表现的都是武士的形象，可见斯巴达是一个尚武的民族

斯巴达人的教育

斯巴达婴儿出生后，就由父亲送交长老们去审查。如果相貌端正体格强健，就带回家去养育，否则，就被扔进一个山脚下的陷坑。男孩七岁以前在家里生活，除使其健康成长之外，还要培养他们的大胆，不怕黑暗，不怕独处，不计较食物的精神。男孩七岁时被送进国家开办的军事学校，编入连队接受训练。他们集中住宿，学习体操，学习使用武器，练习赤足行走，有时参加屠杀希洛人的行动，还要自己做饭，甚至要做点苦工，从而培养服从指挥、勇敢善战的气质。意志力强的儿童担任连队首领，其余儿童要服从他。至于读书写字，并不是主要的课业，只以适合需要为限。妇女虽然不入军事学校，但在婚前也要练习竞走、赛跑、格斗、投掷铁饼和标枪等，以便能做一个体格健壮的母亲。

雅典城邦

在雅典的古代遗址中，有一座非常著名的为女神雅典娜建造的圆形神殿，后来的考古发现证明，当时的雅典流行建造神庙。这

▼雅典的赫菲斯托姆，约公元前449年建成，雅典娜圆形神殿的一处建筑，从这里就可窥探整个神殿的壮观景象

些神庙遗迹的发现，充分证明了雅典城邦曾经的辉煌。

雅典地处沿海地区，海上交通便利，工商业比较发达。他们崇尚文化，所以人们的眼界也比较开阔。

雅典位于古希腊中部的阿提卡半岛，是古代希腊最重要的城邦。在迈锡尼文明时代，雅典就有人居住，这里原来是古代伊奥尼亚人的故乡。公元前12世纪时，多利安人侵入这里。公元前700年左右，阿提卡形成了以雅典城为中心的奴隶制国家。公元前8世纪，王权衰落，氏族贵族开始执掌政权。公元前7世纪时，雅典的执政官有9名，分别执掌国家最高行政、军事、司法和宗教事务。当权的贵族非常富有，欺压、剥削贫穷的平民，平民非常不满。经过多年的斗争，公元前594年，贵族和平民双方选出的仲裁人梭伦推行改革，废除了债务奴役，提高了公民大会的权力，调整了公民集体内不同阶层之间的利益关系，奠定了雅典民主政治的基础。

在公元前5世纪前期，古希腊人打败了入侵的波斯人。战后的古希腊各个城邦继续发展，雅典在伯里克利的领导下到达了繁荣的顶峰。大雅典势力的向外扩张引起了与科林斯等其他城邦的利益冲突，斯巴达和它领导的伯罗奔尼撒同盟也成了雅典的敌人。于是，一场为各自利益而争斗的战争又开始了。

从公元前431年到公元前404年，古希腊的土地和海洋上出现了一场混战，历史上称为伯罗奔尼撒战争。战争的结果是斯巴达人在波斯的帮助下击败了雅典，取得了全古希腊的霸权。此后，古希腊战争不断，许多城邦像走马灯一样轮流成为了古希腊的新霸主。在公元前4世纪上半叶，由于纷乱的战争消耗了各个城邦的实力，终于使古希腊落入了新兴的马其顿势力的控制之中。

▲厄里奇特乌姆神庙柱廊上的一位女像柱，眼神中充满了坚毅的神情

▼雅典人雕刻的三层桨战船，约公元前400年，从上面可以看到当时造船工艺的先进

古希腊与波斯之战

公元前5世纪，波斯取代巴比伦成为西亚最有势力的强国，不断扩张自己的势力范围。波斯对讲古希腊语城邦的统治引起了雅典的不满，他们支持这些城邦争取自由的斗争。波斯为了进行报复，对古希腊城邦发动了战争。雅典担负起了抵抗侵略者的主要责任。这次战争开始于公元前490年，结束于公元前479年，中间经历了数次停战。最终以雅典胜利告终。古希腊人在诸如马拉松（公元前490年）、温泉关（公元前480年）之类的战役中取得的史诗性的胜利，从而结束了波斯的威胁，保卫了雅典的自由理想。

人类最早民主制度的诞生

古希腊在2500多年前就在不同阶级之间倡导平等思想，这与他们当时进行的民主政治改革是不可分的。在某种程度上，可以说雅典数百年的和谐与繁荣得益于其特有的民主政治。

雅典的民主变革

作为古希腊的两大城邦，斯巴达城邦因为过分重视武力的发展而忽略了其他方面的建设。与其形成鲜明对比的是雅典，在公元前7世纪—前6世纪的近百年之间，这个位于阿提卡半岛的城邦进行了一系列的政治改革，经济和文化迅速发展。

▲斯巴达为了纪念打败雅典而发行的硬币，图中刻画的是四匹马拉着的战车

早期的雅典实行贵族统治，到了梭伦所在的时代，雅典城邦出现了一大批平民出身、靠经营工业和贸易致富的奴隶主，阶级矛盾开始出现了。到了公元前6世纪初，雅典的阶级关系已经非常紧张，不堪承受债务负担的下层平民们甚至开始准备暴动。在这种情况下，雅典出现了"梭伦改革"。

改革将平民的债务一律废除，并永远取消了债务奴隶制；

▲梭伦头像，雅典著名的改革家

▲古希腊执政官之一巴塞勒斯，他掌管法院，安排宗教祭献，出租神庙的土地，同时管理节日和宴会的召开

权力巨大的公民大会

公元前461—前429年，雅典民主制在伯里克利时代达到了全盛时期。当时，公民大会除了具有批准、否决贵族议事会提案的权利，还获得了立法权。这个时代，将军们由公民大会选出，任期一年，并且可以无限期再度当选。将军们不单是军队的首脑，而且还是国家主要司法和行政官员。尽管他们可以行使巨大的权力，却不能成为僭主，因为他们的政策要受公民大会审核，而且在一年任期终了时会被轻易地解职，也会因渎职而受到指控。

> **梭伦**
>
> 梭伦出身于贵族家庭，早年曾经经营贸易，和商人们一起远游海外，因此对双方阵营都有很深的了解。在政治立场上倾向于新兴的平民奴隶主。他于公元前594年被选为首席执政官，在雅典开始了宪政改革。

还按照财产的多少将全体雅典自由民划分为四个等级，并以此作为获得政治权利的依据。另外，限制了贵族会议的权利，提升了公民大会的作用。

▲公民大会进行投票的青铜标志，中间实心的表示"无罪"，中间空心的表示"有罪"

梭伦的这些改革措施为以后的雅典民主政治进一步发展奠定了基础。

公元前560年，庇西特拉图以武力夺取雅典政权，在梭伦改革的基础上进行了进一步的改革。他致力于提高农民的政治地位，并在经济和税收上对他们进行了扶持。在他的温和统治下，雅典度过了一个黄金般的政治时代。

公元前508年左右，克利斯蒂尼掌握了雅典的政权，在前两次改革的基础上进行了第三次改革并取得了很大的成就。到公元前500年时，雅典的民主政治已经取得了巨大成功，雅典也成为古希腊世界中最繁荣的城邦。

为统治阶级服务的民主政治

民主政治为雅典公民的主观能动性和聪明才智提供了尽情发挥的可能，使雅典在政治、经济和思想文化方面成为全古希腊的学校和样板，产生出大批彪炳史册的政治家、哲学家、戏剧家、历史家、美术家、修辞家，为人类文明做出了卓越的贡献。

雅典民主政治虽比君主专制、贵族寡头制的群众基础大，但也仅限于一部分有血缘关系的同胞之间，目的在于把公民组成一个在国内享有特权、在国外控制附属国的统治阶级。因此它在发挥自己伟大历史作用，促进雅典政治、经济、文化极盛的同时，又残忍地窒息了社会另一部分成员，即奴隶和外邦人自由发展的能力，它还剥夺了本城邦妇女参政的权利。所以它既是人类文明的催化剂，又是奴役和罪恶的渊薮。它是世界文明宝库的无价之宝，但招致了属国属民的怨恨，这是雅典民主政治的最大局限。此外，雅典民主是一种直接民主制，同近现代的代议制民主不同，它只能在一个小城邦范围内实行，而且直接民主很容易滑入极端民主的泥淖。

> **民主制度的辉煌**
>
> 在伯里克利时代，雅典司法系统日臻完善，不仅有一个由执政官判决听取上诉的最高法庭，而且还形成了一批处理各种案件的民众法庭。每年年初，都要通过抽签在全国各地挑选出6000名公民，这些人以201—1001人规模不等组成陪审团，受理特别的案件。这些陪审团每一个都组成一个法庭，有权通过多数票来决定案件所涉及的每一个问题。尽管有一名执政官主持法庭，但他没有任何法官的特权。陪审团自身就是法官，其判决不得上诉。

古希腊文明走向衰落

▲亚历山大大帝像,这是在亚历山大死后200年制作的

"让我们征服亚洲,把财富带回古希腊。"这是古希腊雄辩家的理想。多年之后,马其顿的国王亚历山大率领浩浩荡荡的大军踏上了征服亚洲的征途。

马其顿的发展之路

马其顿地处古希腊东北边缘,南接撒利,中隔奥林匹亚山,西为伊利里亚,东邻色雷斯。根据自然地理条件,马其顿明显分成两部分:上马其顿,位于西部,地域广大,山脉纵横,森林密布,适于畜牧业,是马其顿人基本居住地;下马其顿,是濒临爱琴海的沿海平原,适于农业发展。

马其顿的发展十分模糊,其发展也很晚,又长期处于古希腊世界外围,没有史学家专门以它为记载对象。根据现有零星材料,马其顿早期存在过一些独立的部落联盟。各部落均有自己的巴塞勒斯(当地的军事首长)。约在公元前6世纪下半叶,马其顿可能发生过类似忒修斯改革的统一运动,形成早期国家,定都上马其顿的埃盖,实行君主制,但公民大会仍然起一定作用。在希波战争中,马其顿依附于波斯,并被迫加入波斯军队。公元前5世纪末叶,马其顿开始介入邻国事务,国都移至下马其顿的派拉。进入公元前4世纪,马其顿发生权力之争,国家几面受敌,危在旦夕。而危机也是转变的契机。摄政王腓力二世临危受命,将威胁一一去除。后来他废黜幼主,自称国王。经他苦心经营,马其顿很快成为一个强大的国家。

腓力二世征服古希腊

腓力二世当政之后,在政治、军事和经济方面进行了一系列改革。他加强王权,削弱贵族会议和公民大会的职能,把它们变成听命于他的工具。他改革币制,确立了金、银币的兑换价

▶马其顿长矛的矛头,做工十分精良

▲腓力二世的护卫骑兵浮雕，威武雄壮

格，促进了商业的发展。他建立起一支忠于个人的常备军，创造了具有极强打击力的马其顿方阵，其核心是贵族组成的重装骑兵，称"王友"。其重装步兵谓之"步兵王友"，装备一杆长6.3米的长矛，所列阵形纵深最多达32列。步兵的作用在于顶住敌人的攻击，战斗的结局则取决于骑兵对敌两翼的攻击。腓力二世是古希腊人中第一位赋予骑兵重大意义的人。

公元前355年，毗邻马其顿的中古希腊发生城邦混战，弗西斯因财政紧张，竟洗劫了古希腊人的圣地特尔斐的阿波罗神庙。腓力二世借机南下，控制了古希腊中北部地区，马其顿的崛起使一些与北古希腊有利益关系的城邦感到了威胁。雅典四方串联，组成反马其顿联盟，一度使腓力二世的扩张企图受挫。事后雅典人在坚决反马其顿的政治家德摩斯提尼的倡导下把观剧津贴用于军事开支，并令富人分成若干捐献组，负责造舰。雅典成为古希腊人反马其顿侵略的中坚力量。但在雅典人中也有一部分人希望借腓力二世之手摆脱遍及古希腊的城邦危机，把战火引向波斯。这种看法的代表是修辞家伊索克拉特，他曾多次上书腓力二世，对腓力二世的思想有很大影响，但主导雅典政策的仍是抗战的思想。

▼马其顿国王腓力二世的坟墓

公元前338年夏，马其顿军与以雅典、底比斯军为首的反马其顿联军决战于中古希腊的克罗尼亚，联军惨败。战后，古希腊各邦被迫承认马其顿的霸主地位，只有斯巴达保持了自己的尊严，拒绝参加腓力二世在科林斯主持的古希腊和会。科林斯大会满足了古希腊大奴隶主的要求，确立了马其顿的统治秩序。各邦禁止互相攻伐，各邦被内部禁止重分土地，没收富人财产，取消债务，不准为政治目的解放奴隶。马其顿军于会后驻古希腊各战略要地，以保持自己的统治。

▲腓力二世的金棺，内放腓力二世的遗骨，虽然年代久远，但是仍显出当年的壮观宏伟

亚历山大大帝的东征

1879年，三个从布海德拉（今阿尔及利亚城市）远道而来的商人在阿富汗的一个巴扎（集市）上偶然淘到了一枚铭刻有明确年代的银币，可以确定是亚历山大大帝散落在阿富汗深山里的大宗宝藏中的一枚。后来，在一个阿富汗的小山村中，陆续出土了价值数亿美元的金、银、铜币。这些发现，足以证明亚历山大和他的军队在数千年前的足迹。

公元前336年，腓力二世遇刺身亡。其子亚历山大继位，以铁腕镇压了古希腊人反马其顿运动。起义的底比斯被毁灭，公民或被卖为奴，或被处死、流放，土地则被分割予其他城邦。马其顿国内的政敌也被无情地清除。在古希腊的一片死寂中，亚历山大恢复了统治，并于公元前335年组建起一支由3万名步兵、5000名骑兵构成的远征军，在第二年初春渡过赫勒斯邦海峡，开始了东侵征程。

此时的波斯正值大流士三世统治，内政腐败，危机四伏。马其顿军与波斯军在小亚细亚的格拉尼库斯河畔展开首次会战，马其顿军队获得大胜。随后马其顿军轻取整个小亚细亚。公元前333年，亚历山大率军在叙利亚的伊苏斯平原打败大流士三世亲率的10万余波斯军，俘虏大流士三世的母亲、妻子和两个女儿。然后拿下腓尼基和巴勒斯坦，兵不血刃占领上下埃及。公元前331年春，亚历山大率军插入两河流域北部，10月同号称百万的波

▲意大利庞贝古城的古罗马马赛克拼图，描绘了伊苏斯战役中骑在马背上的亚历山大的形象

▲帕塞波里王宫的波斯浮雕，描绘了进贡贡品的情形

▼波斯苏撒王宫内的衣着华丽的波斯贵族武士形象

斯军决战于高加美拉。在交战中，大流士三世弃阵逃跑，致使全线崩溃，波斯从此丧失抵抗能力。马其顿军占领波斯都城巴比伦和苏撒，缴获无数战利品。公元前330年，亚历山大占领波斯波里斯，获12万塔兰特巨资，并焚烧波斯王宫以示报复。波斯帝国至此灭亡。不久，亚历山大又沿里海东进，穷追大流士三世。进入安息前获悉大流士三世被其部下所杀。但他并未因此止步，于公元前329年穿越兴都库什山，直至中亚锡尔河一带。

公元前327年，亚历山大被富庶的印度所吸引，经过开伯尔山口，侵入印度河上游和两河地区，企图打到"大地终端"。在征途中，亚历山大无尽的征服欲和士兵们思乡厌战的情绪发生冲突，被迫沿印度河南下，返回巴比伦。

公元前324年初，亚历山大抵达原波斯四都之一——苏撒，历时10年的东侵始告结束。公元前323年，亚历山大带着辉煌的战绩凯旋之后，正在踌躇满志地准备改造被征服的土地时，一场恶性疟疾夺去了他的生命。他建立的帝国也随之解体，一场围绕着继位权进行的争斗持续了20多年。

亚历山大大帝的宝藏

亚历山大大帝率领的大军，征服了当时欧洲人所知的绝大部分领土。在阿富汗，一次令人振奋的胜利之后，他亲自监督铸造好大批金、银钱币，准备把它们赏给勇敢的部下。在他死后，这笔财富神秘地消失在阿富汗的崇山峻岭中。

内忧外患走向灭亡

废弃的城堡,沉没的战船,消失的军队,见证了古希腊的灭亡之路。

从公元前323年亚历山大去世后到公元前30年罗马政府托勒密王朝统治下的埃及,这期间的历史被称为是古希腊化时代。自亚历山大死后,他所建立的帝国分崩离析,在公元前3世纪上半叶陆续形成了一系列古希腊化的国家。其中比较重要的有以埃及为中心的托勒密王朝、以叙利亚为中心的塞琉古王国,以及以马其顿为中心的马其顿王国。

公元前277年,安提柯·贡那特建立了安提贡柯王朝,马其顿本土和古希腊城邦都处于他的统治之下。南部古希腊一直存在着反马其顿的势力,挨托利亚同盟和阿哈伊同盟都在其中起了重要的作用。当罗马向地中海东部扩张时,曾经利用各城邦之间的矛盾使它们互相攻击,并使其分别衰落。

▲托勒密三世像,亚历山大帝国分裂后,亚历山大部将的后代逐渐统治了古希腊

亚历山大远征之后,古希腊城邦内部土地兼并的现象日趋严重,贫富分化导致的社会危机更加剧了各城邦的经济衰落。公元前3世纪下半叶,斯巴达城邦曾经尝试着进行社会改革,但最终因为阻力重重而宣告失败。与此同时,新兴的罗马帝国的势力侵入巴尔干半岛,显示出不可阻挡的实力。公元前168年,古希腊全境都处在罗马统治之下。此后,塞琉古王国也渐渐被罗马人吞并,直到公元前30年,最后一个古希腊化王国托勒密王朝被罗马消灭,古代希腊的历史宣告终结。

▼古希腊化时期的金头饰,公元前3世纪意大利的阿普里亚制造

古希腊化文明

亚历山大远征,客观上促进了东西方的文明交流。在苏撒一次盛大奢华的"结婚典礼"上,亚历山大亲自带头同波斯国王大流士的女儿斯塔提拉结了婚,许多马其顿的将领都娶了波斯显贵的女儿,同日参加婚礼的新人有1万对之多。在结婚典礼上,亚历山大郑重宣布,马其顿人与亚洲女子结婚,可以享受免税权利。他还亲自赠给新娘新郎许多礼物,以示鼓励。他下令让3万名波斯男童,学习古希腊语文和马其顿的兵法。亚历山大以后,古希腊文明依然在亚洲得到不断传播。历史学家称此现象为古希腊化文明,将从亚历山大起到埃及被罗马征服为止这一段时间(公元前323—前3年),称之为古希腊化时代。

第二章
建立在颂扬神灵上的文化

早在古希腊文明兴起之前约800年,爱琴海地区就孕育了灿烂的克里特文明和迈锡尼文明。大约在公元前1200年,多利安人的入侵毁灭了迈锡尼文明,古希腊历史进入所谓"黑暗时代"。因为对这一时期的了解主要来自"荷马史诗",所以又称"荷马时代"。古希腊的精神遗产在当时已经非常丰富,创作了很多优秀的篇章。

众所周知,《伊利亚特》和《奥德赛》是两部不朽的史诗,至今仍有其独特的文学价值,成为各国研究的文学瑰宝。这两部史诗的作者相传为公元前8世纪的荷马。现代研究表明:这只是古希腊人的说法,这两部巨著的作者可能另有其人,目前还无法肯定这两部史诗是否为一位诗人独立创作完成;也无法肯定叫荷马的写诗者,是单独一个人还是一个团体。公元前7世纪或公元前6世纪留下来的一首古诗曾经有过这样的记载:"(荷马是)住在契奥斯岛(爱琴海中一个岛)的一个盲人。"可是这种说法无法考证,所以近3000年来,一直受到文学界的怀疑。且不论这两部史诗的作者是真是假,单从他们给后世带来的影响和蕴含的价值,就值得人们去研究古希腊的那个辉煌的"荷马时代"。

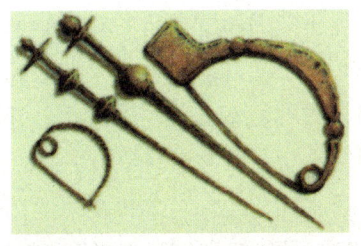

▲"黑暗时代"服饰上的别针,人们对这个时期所知甚少,很多都是从流传下来的"荷马史诗"中了解到的

谜团重重的文字符号

2005年11月5日,在以色列发掘出的古代教堂遗物中,人们找到了一块写有古希腊文字的镶嵌式图案、几幅鱼纹壁画,以及一座祭坛。这幅镶嵌式图案位于教堂遗址的地板上,其中的文字涉及耶稣基督。考古专家表示,这处古代教堂遗址上的古希腊文字是出自"荷马时代"的。这些古老的文字指引人们走进古希腊,走进那荷马文明。

古希腊文字

约公元前2000年,伊奥利亚人、阿开亚人、爱奥尼亚人和多利安人先后进入今古希腊地域,并逐渐扩散到爱琴海诸岛和小亚细亚西岸。通过相互间的联系,形成了早期的古希腊人,他们借鉴埃及的象形文字、巴比伦的楔形文字、腓尼基人的表音字母,在公元前9—前8世纪创造

▲马和骑马人的陶器模型,约公元前600年,虽然粗糙了一些,但其想象力却十分丰富

了古希腊拼音字母。虽然在公元前4世纪和公元前2世纪,马其顿人和罗马人曾先后征服古希腊,但在文化上,古希腊人却征服了他们。现在大多数欧洲民族使用的拉丁字母,就是罗马人在古希腊字母的基础上改造成的。

独具特色的古希腊语言文化是古希腊理性主义起源的一个重要诱发因素。最早对语法现象进行研究的就是古希腊人。公元前10世纪前后,古希腊人在闪语字母的基础上,经过一番改造,首次创造了音位文字字母,并且还把闪语文字自右向左的书写规则改为自左向右。到公元前775年左右,古希腊人把他们用过的各种象形文字书写系统改换成腓尼基人的拼音字母,建立起了古希腊语言文字系统。在此基础上理论家们开始了为语言"立法"——语法的研究。赫拉克利特指出过:"如果要想理智地说话,那就必须用这个人人共有的东西武装起来,就像城邦必须用法律武装起来一样,而且要武装得更牢固。"

古希腊哲学、法学、逻辑学与古希腊语言文字的关系密切。哲学中的许多派别的理论观点时常牵涉到对语言的认识。法学中的论

▲刻在陶罐上的古希腊人创造的文字

战、法律条文的制定，也往往涉及对语言的修辞和准确地表达。逻辑学与语言学，特别是与语法学的关系更是密切相关。语言是思维的物质外壳，是思维的工具。思

▲刻在古希腊泥板上的文字记载着当时的情况

维要通过语言来表达，它是否合乎逻辑就成为语言表达中的一个重要问题。一方面，语言学家要利用逻辑学的术语和方法来研究语言中的结构意义。另一方面，研究逻辑的也往往牵涉到语言的问题。

古希腊语言

古希腊的语言结构复杂。古希腊语言中的动词更是变化多端，它有人称、时态、体式的变化。特别是由系动词"附图"变来的一词，具有多种的语言意义，表现出多种的语法关系。正是这种奇特的语言现象引起了理论家们的关注，成为"智者"们思考和研究的对象。

▲来自皮洛斯城堡雕刻有线形文字的书板

当古希腊语中使用"附图"一词时，就有多种不同的意义。亚里士多德曾经指出："当动词'是'被用来作为句子中的第三种因素时，会产生两种肯定命题与否定命题。如在句子中'人是公正的'中，'是'这个词被用作第三种因素，无论你称它是动词，还是名词。"系动词"附图"在古希腊语中不同凡响，它是人们进行言语对话，进行思想交流，进行陈述和判断不可缺少的词语。同时，在人们的语言表达中最容易产生歧义的也是这个词。在"他在这儿"这个句子中，它所表示的是一种物理位置；在"天使是白色的"这个句子中，它表示天使的一种与位置或物理存在无关的属性；在"那个人正在跑"这个句子中，这个词所表示的是动词的时态；在"二加二等于四"这个句子中，它的形式被用于表示数字上的相等；在"人是两足的能思维的哺乳动物"这个句子中，它的形式被用来断言两组之间的等同。

正是由于古希腊语言中的这种多义词，也往往容易产生语言思维中的歧义性，由此引发了语言文化史上的"古希腊景观"——观念的战争。科学哲学家波普尔所指出："观念的战争是古希腊人的发明，它是曾经作出的最重要的发明之一。实际上用语词战争代替刀剑战争的可能性，还是我们文明的基础。特别是我们文明的一切立法和议会机构的基础。"

王宫遗址中的线形文字

1900年3月，英国考古学家伊文思在克里特岛上的克诺索斯进行考古挖掘时，发现了一个规模极大的宫殿遗迹，考古学家在克诺索斯王宫遗址发现了不少线形文字文件，这种线形文字是克里特岛人在远古时代使用的一种独特文字，与世界上的其他文字体系都不相同。尽管世界各地不少学者对其绞尽脑汁，但至今尚未解释成功。也许将来有一天，等到线形文字解释出来之日，就是这位国王的米诺斯王宫之谜破解之时。

"荷马史诗"之谜

深海探险家在东地中海搜寻一艘失踪的以色列潜艇时,意外发现一艘2300年前的古希腊沉船残骸,证明古希腊诗人史诗《奥德赛》中描述古希腊水手远渡重洋的故事属实。

美国得克萨斯大学深海考古研究所科学家在距离赛普勒斯20海里的海底,距离水面约3公里处,发现上述古希腊沉船残骸,船上尚保留装载古希腊葡萄酒的酒瓮。这个发现不但证明古希腊水手曾涉足远洋航行活动,也使"荷马史诗"中描述的古希腊英雄事迹获得进一步证实。

"荷马史诗"出自荷马之手?

荷马史诗包括《伊利亚特》和《奥德赛》两部不朽的作品,至今仍有其独特的文学价值。这两部史诗的作者相传为公元前8世纪的荷马。现代研究表明:这只是古希腊人的说法,这两部巨著的作者可能另有其人,目前还无法肯定这两部史诗是否为一位诗人独立创作完成,也无法肯定叫荷马的写诗者,是单独一个人还是一个团体。公元前7(或公元前6)世纪留下来的一首古诗曾经有过这样的记载:"(荷马是)住在契奥斯岛(爱琴海中一个岛)的一个盲人。"可是这种说法无法考证,所以近3000年来一直受到文学界的怀疑。

▲荷马像,古罗马人在原有基础上进行了修复,再现了这个伟大人物的形象

这两部史诗写成之后,并非一成不变,而以后的吟唱诗人又在已写下的史诗上作了新的补充及润色。虽然在留存至今的这两部史诗以书写形式出现的手抄本中,没有早于公元前3世纪的,但是两部史诗呈现出相仿的风格,足以表明某一个时期确有一个统摄的力量,促成了这两部史诗。但这统摄力量源于何处,是个人还是某个集团,为什么找不到任何记载。也许这些疑问还将长期困扰着文学界,但是这两部史诗赐予人们的精神力量却是无穷的,它们是人类艺术的瑰宝。

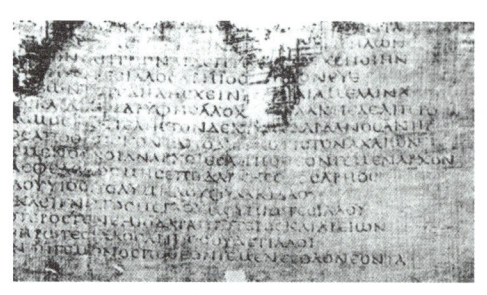

▲《伊利亚特》残片,这就是记述着很多动人故事的盲诗人荷马的作品

古希腊两部著名史诗《伊利亚特》和《奥

▲"荷马史诗"中描绘的半人半兽的怪物

德赛》的作者到底是谁呢？古代作家如公元前5世纪的希罗多德，较晚的修昔底德，公元前4世纪的柏拉图和亚里士多德等，都肯定这两部史诗是荷马的作品。除此之外，还有许多已遗失的古代史诗，也曾有人说是他的作品，但那些大概是后人的拟作。有一篇已经失传的讽刺诗和一篇现存的《蛙鼠之战》，据说也是荷马写的，但前者只有亚里士多德一个人的话作为根据，后者则已证明为公元前4世纪的一篇拟作。还有一些献给天神的颂歌，传说也出于荷马之手，实际上是古代吟诵史诗的职业乐师所用的引子，是较晚时代别的诗人写成的。

▲《奥德赛》的残草纸片，是荷马著名的史诗著作，很多关于古希腊的事情都是从这两部书中得知的

盲诗人荷马

关于荷马生活的年代说法颇多。古代曾有一篇《荷马传》流传下来，那是人们根据传说杜撰的，不能当作可靠的史料。最早关于荷马的记载，见于残存的公元前6世纪克塞诺芬尼的讽刺诗，但是根据古希腊地方志家鲍萨尼阿斯的记载，在公元前7世纪初的诗人卡利诺斯的诗篇里已经有关于荷马的记载，所以荷马这个名字早在公元前七八世纪已经为人所共知。古希腊历史家泰奥彭波斯说荷马生于公元前686年，这年代似乎晚了一点。另一个古代传说是荷马生于公元前1159年，就是说公元前12世纪中叶，这个说法似乎又太早了一点。古代可能有过这一位诗人，其年代大概在公元前10世纪到公元前八九世纪。现在西方学者根据史诗的语言和它的内容描写，一般认为他可能生在公元前9—前8世纪之间。

▲据史诗记载，在古风时期大麦成为古希腊最重要的进口物资

《伊利亚特》和《奥德赛》

这两部史诗，每部都长达万行以上。《伊利亚特》共有15693行，《奥德赛》共有12110行，两部都分成24卷。这两部史诗开始时只是根据古代传说编的口头文学，靠着乐师的背诵流传下来的零散篇章，荷马如有其人，大概就是最后把这两部史诗初步定型的职业乐师。在公元前6世纪以前，这两部史诗还没有写下来的定本。根据罗马著名散文家西塞罗所说，公元前6世纪中叶在当时雅典执政者庇士特拉妥的领导下，学者们曾编订过"荷马史诗"。古代也有其他学者认为这是他的儿子希帕尔科斯执政时的事。

而从公元前5世纪起,每逢雅典4年庆祝一次的重要节日,都有朗诵"荷马史诗"的文艺节目。从这制度实行之后,史诗的内容和形式应该是基本上固定下来了。只是当时朗诵史诗的艺人,或根据自己的"话本",或凭记忆,有时在文字上和行数上可能有些变动。在这种情况下,当时史诗的若干抄本在某些地方有些繁简不同是可以理解的。关于荷马究竟有无其人,两部史诗是否都是同一位诗人的作品,近200年来一直是西方研究荷马的学者热烈争论的问题。有人认为两部史诗在内容描写上有些不同,好像不是同一时代的作品,也有人认为两部史诗文字风格

▲"黑暗时代"的土坯房屋,这是那个时期的住所

上相同之处大于不同之处。现在多数西方学者认为这两部史诗是荷马的作品,荷马确有其人。当然,荷马也是根据口头流传的篇章整理而成的。如果没有长期的传说积累,荷马也创作不出这样两部伟大的古代史诗。

▲刻有女神像的黄金垂饰,从制作工艺的精美看,当时的手工制造技术已经非常发达了

"荷马史诗"是在民间的口头文学基础上形成的,它的原始材料是几个世纪里积累起来的神话传说和英雄故事,保存了远古文化的真实、自然的特色。同时表明在远古地中海东部早期这个古代文化中心,它的文学曾达到相当高度的繁荣。史诗开始用文字流传下来之后,又经过几个世纪的加工润色,才成为现在的定本。这种特殊优越条件是与古代爱琴海文明以及后来雅典和亚历山大里亚时代几百年间奴隶制文化的繁荣分不开的。它既是古老的民间流传的史诗,又是达到高度艺术水平的文学作品。在"荷马史诗"里,许多事物的描写同克里特—迈锡尼文化的实物相符,如《奥德赛》里所说的墨涅拉奥斯的宫殿和菲埃克斯人的王阿尔基诺斯的宫殿,有各种青铜和金银装饰,美好的花园和葡萄园,宫里充满粮食、美酒和果实,随同酒宴还有各种竞技娱乐和舞蹈等,这些都可以说明"荷马史诗"的内容是以一些古代的历史传说为依据的。同时,有些描写又与克里特—迈锡尼时代的实物不同,如从考古发现的壁画来看,古代克里特人都是短发,而且头发是黑色,而史诗里描写的阿开亚人都是长发,且头发是黄色。克里特人战斗时用的盾牌是长形,史诗里的盾牌却是圆形。克里特人穿的盔甲也与史诗所描写的不同。这些说明荷马是生在好几百年后的诗人,当时克里特—迈锡尼文化早已灭亡,所以当他描绘过去文化的繁荣景象时,也不免利用后日实际生活中的一些事物。他并不是当时生活的目击者。有些西方学者还曾考证史诗里许多

▲书中描写的克里特人的盾牌,与实际出土的盾牌形状不一样,很多人因此而怀疑这部书的真正作者

▲魅力非凡的海伦肖像，意大利新古典主义雕刻家安东尼奥·卡诺瓦1819年的作品

"荷马史诗"中的特洛伊战争

古希腊人远征特洛伊，10年后攻占了小亚细亚沿海城市克律塞，该城阿波罗庙祭司克律塞斯的女儿克律塞伊斯被俘，作为奖品分给了古希腊联军统帅阿伽门农。克律塞斯带着金银财宝去赎女儿，不仅没能如愿，反遭阿伽门农的辱骂。古希腊军中最英勇的将领阿喀琉斯要求阿伽门农归还祭司的女儿，与阿伽门农发生争执，后阿伽门农送归了克律塞伊斯，却仗势抢走了奖给阿喀琉斯的女俘布里塞伊斯。阿喀琉斯愤然退出了战斗。他来到海边向母亲忒提斯（海上女神）哭诉心中的委屈。央告母亲去恳求主神宙斯惩罚阿伽门农和古希腊军队。主神宙斯托梦给阿伽门农，告诉他攻占特洛伊的时机已到，叫古希腊人作好战斗准备……阿喀琉斯身披匠神赫维斯托斯连夜为他赶制的铠甲出战，他像战神一般向赫克托耳扑过来，赫克托耳转身逃走。阿喀琉斯绕城追逐，像迅捷的山鹰在天空盘旋着追逐一只胆小的鸽子，一路尖叫着紧紧跟随，偶尔还突然来一个猛扑……最后，在雅典娜的帮助下，阿喀琉斯长矛一挥，正中赫克托耳的颈项。阿喀琉斯剥下他身上的铠甲，把尸体拖在战车后面，飞驰回营。9天过去了，特洛伊老王普里阿摩斯在神使的保护下，来到阿喀琉斯的营中哀求他归还儿子的尸体。阿喀琉斯被感动，将尸体交还了他。10天后，特洛伊人悲痛地埋葬了赫克托耳。

英雄，如阿喀琉斯、赫克托耳等都是北方部族传说里的英雄，不一定与攻打特洛伊城的史实有关。

说唱吟诵的艺术

"荷马史诗"采用六音步诗行，不用尾韵，但节奏感很强。这种诗体显然是为朗诵或歌吟而创造出来的，在歌吟时，大概还弹着琴来加强其节奏效果。由于这种叙事长诗是由艺人说唱，因此常常重复不少惯用的词句，甚至整段重复，一字不改。有时有些形容词的重复使用，只是为了音节上的需要，并不一定对本文意思有多少加强。而许多重复词句的一再出现，像交响乐里一再出现的旋律，又能给人一种更深的美的感受。这大概是由于古代的某些艺术手法虽然比较简陋，但有经验的说故事的诗人运用技巧非常纯熟，所以才能产生这种成功的效果。使用比喻来加强气氛，使得人物形象更加鲜明，这也是"荷马史诗"里一个突出的艺术手法。此外"荷马史诗"还善于用简洁的手法描写，用寥寥数语，表达出很深的感情。

"荷马史诗"的内容非常丰富，无论从艺术技巧或者从历史、地理、考古学和民俗学方面都有许多值得探讨的东西。它在西方古典文学中一直享有最高的地位。从公元前七八世纪起，就已经有许多古希腊诗人模仿它，公认它是文学的楷模。2000多年来，西方人一直认为它是古代最伟大的史诗之一。

▼后人为特洛伊"木马盗城"绘的油画

歌颂酒神的戏剧

在古希腊，每当春季葡萄藤长出新叶或秋季葡萄丰收的季节，人们都要举行群众性的化装歌舞会，向"酒神"狄奥尼索斯（Dionysus）祈祷和庆祝。古希腊的戏剧，就是在祭奠酒神的活动中产生的。

欧洲人不但爱琼浆玉液，也爱过"酒神节"。古希腊人祭祀"狄奥尼索斯酒神"、古罗马人欢庆"梅狄特里纳利亚节"，而从12世纪开始，随着十字军远征，欧洲的天主教徒纷纷欢庆圣马丁节，圣马丁节定在每年的11月11日。这是欧洲国家丘陵地区的农户用葡萄酿制新酒的季节。到了11月上旬葡萄酒酿成，于是农户们纷纷邀请亲朋好友前来聚会，热热闹闹地为葡萄酒命名，宣布酿酒成功。圣马丁节虽然冠以宗教名称，经多年演变，实际上已成了群众性的丰收节庆典，虽然现在已经不伴随着戏剧一起举办了，但是留在记忆中那饮酒赏剧的欢庆场面，依然令人久久回味。

古希腊的"酒神节"

最早有关剧场的确实资料，以及世界上最早的伟大剧本，都来自古希腊。有几世纪之久，古希腊戏剧只在祭祀"酒神"狄奥尼索斯的节庆中演出。古希腊神话里他是宙斯（Zeus）与少女西蜜丽（Semele）之子，被杀后首遭肢解，继而复活，成为酒与丰腴之神。因此他象征了生命的循环，像新生、茁长、衰坏、死亡与再生；或者涉及季节的更替如春去夏来，秋尽

◀壁画上的酒神狄奥尼索斯，同时他也是疯狂的神秘仪式之神

▲古风时期的浮雕,描绘了早期戏剧表演的场面,两个舞者随着双管笛子的吹奏尽兴表演

冬至。作为酒与丰腴之神,他亦代表着世上许多非理念的力量。在早期的狄奥尼索斯礼拜中,酗酒纵欲被视为是宗教冲动的一部分而加以接受。虽然这种恶风陋习已经逐渐升华,但是礼拜中求取丰腴的基本目的仍然保存未变。

狄奥尼索斯的崇拜是在公元前13世纪左右,自小亚细亚传入古希腊的。到了公元前七八世纪时,在拜祭他的节庆中已经有歌队舞蹈者的竞赛了。伴随这些舞蹈的是狂喜的"狄神颂"(Dithyramb,或称叫羊歌),称颂狄奥尼索斯。一直到公元前6世纪时,都有纪念他的节庆,且一年中共有4个,即12月的"乡镇的狄神节"(Rural Dionysia),1月的"勒纳节"(Lenaia),2月底的"安特斯节"(Anthesteria)与3月底的"城市的狄神节"(City of Creat Dionysia)。除了"安特斯节"之外,其他3个节庆都有了戏剧的演出,这在纪念其他神祇的庆仪中是没有的节目。

古希腊的戏剧艺术

第一个确切纪录见于公元前534年,这一年"城市的狄神节"组织改变,在各项活动中加入了悲剧演出竞赛,因此戏剧在此以前肯定已经存在。这时期唯一可考的戏剧家就是塞士比斯(Thespis),也就是第一次悲剧竞赛的冠军得主,他也是第一个为世人所知的演员,所以以后演员们就常被叫做塞士比斯之徒。塞士比斯的戏剧比较简单,它只有一个演员和一个歌队。这倒并不是说剧里只有一个人物,而是说,所有的角色都由同一个演员扮演。这一个演员用面具来改变他的身份,而当他离开了舞台去换装为另一个人物时,歌队便以歌唱和舞蹈来弥补这段空当,所以歌队便成为早期戏剧中的主要元素。敌对人物间面对面的冲突,后世固然视为戏剧的必要条件,然而在那种只有一个演员的情形下,当然是不可能的事了。

古希腊戏剧大都取材于神话、英雄传说和史诗,众所周知的"荷马史诗"就是如此。当时这部剧的演出是在露天剧场进行的,演员在表演时更是

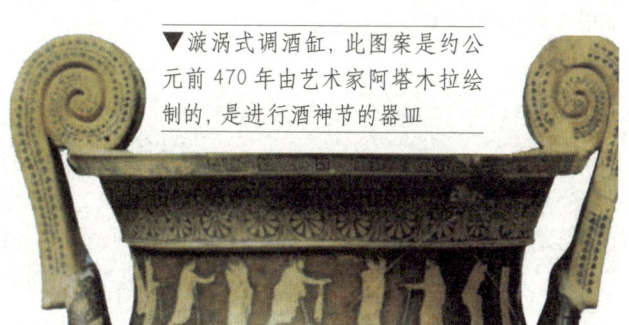

▼漩涡式调酒缸,此图案是约公元前470年由艺术家阿塔木拉绘制的,是进行酒神节的器皿

戴着面具,穿着高底靴,声音洪亮且动作夸张。古希腊时每年要有三次大的戏剧节,最大的就是三四月间在雅典举行的"酒神大节"。戏剧节是古希腊人盛大的节日,在此期间政府要停止办公,全体公民都去看戏,甚至在押的囚犯也要被押解着看戏。此外,政府还特别向穷人发放"看戏津贴"。这是因为古希腊人把剧场看作是教育和宣传他们政治主张和哲学观点的场所。所以,演员被看作是神的代言人,他们可以在两国交战时自由地往来。

古希腊戏剧的内容和形式,对后世西方戏剧的发展影响很大。它的许多剧目经过改编,仍在各地演出。现代古希腊的戏剧节,也连续举办了半个多世纪,在上演的剧目中,有些还是古希腊时期的剧作作品。

▲这是一个扮成小鸟的合唱队队员进行表演,那时表演时者装扮成不同的形象来吸引观众

▲著名喜剧家阿里斯托芬雕像

▲古希腊喜剧,正如这个古希腊瓶画所描绘那样,包含了许多小丑式的表演和粗俗的笑话

"喜剧之父"

阿里斯托芬号称"古希腊喜剧之父",一生写过44部喜剧,传世的有11部。他的剧作都用生动活泼的讽刺语言写成,有的谴责战争,有的希望和平,有的抨击贫富不均,有的呼吁男女平等,嬉笑怒骂,皆成文章,深受人们的喜爱。

▲依山而建的半圆形露天剧场

▲悲剧家埃斯库罗斯雕像

"悲剧之父"

埃斯库罗斯享有"古希腊悲剧之父"的盛誉。据说他一生写了90部悲剧，流传到现在的只有7部。《被缚的普罗米修斯》是他的代表作品。在这个剧本里，他根据神话故事，成功地塑造了一个为人类造福而反抗强暴的英雄形象。普罗米修斯把天神宙斯的火盗给人类，受到宙斯的残酷惩罚。宙斯用铁链把他锁在荒凉的高加索悬崖上，每天派一只神鹰去啄食他的肝脏。可是他坚贞不屈，甘愿忍受一切苦难和折磨。后来大力神赫拉克勒斯用箭射死了那只可恶的神鹰，普罗米修斯终于获得解放。当有人劝他和宙斯和解，他宁为玉碎，不为瓦全，悲愤地说道："我宁肯被缚住在崖石上，也不愿做宙斯的忠顺奴仆。"这句话后来被许多仁人志士当作座右铭。

神的旨意至高无上

在古希腊神话中，宙斯是古希腊众神之父，它支配着政治、法律、道德等人类生活。在那个时代是否有这么一位具有超统治地位的神，世人无法知晓，但是人们为了表示崇拜而建的宙斯神殿却是古希腊圣地奥林匹亚平原上最有名的建筑。

宙斯神殿建于公元前470年，于公元前456年完工，由建筑师Libon设计，宙斯神像由雕刻家Pheidias雕刻。整座神像及他穿的长袍都是由黄金制成，他头戴橄榄编织的环，右手握着由象牙及黄金制成的胜利女神像，左手拿着一把镶有闪烁耀眼金属的权杖，上面有一只鹰停留着，而他所坐的宝座则以狮身人面像、胜利女神及神话人物装饰，不包括宝座，仅神像就等于四层高的现代楼宇高，使坐在宝座上宙斯头部差不多顶着神殿顶。"这么漂亮的杰作没有看过一回就死了的人是一种不幸"，这就是使古人和今人皆惊叹的"宙斯神像"。

这个壮丽雕像的消失让人感到惋惜，当时的绘画和翻印品也完全没有说明它是如何消失的。宙斯神像的神秘消失也就成了一个未解的谜。宙斯神像到底到哪儿去了？是被烧毁了，还是自己消失了，恐怕难以明了，但是关于像宙斯一样的古希腊众神的传说，确是美轮美奂的。这些神话人物是什么情况下出现的？可能这些疑团只能到古老而又神秘的"神话王国"去寻找答案了。

▼约公元前525年的德尔菲浮雕，描绘了神和提坦巨人之间的战斗

神秘国度充满着离奇传说

古希腊是一个神秘的国度，有着优美动人的

▲奥林匹亚山上的宙斯神殿，这些石柱记述着当年宙斯神殿的辉煌和雄伟

神话故事和曲折离奇的民间传说，为古希腊蒙上一层神秘的色彩。荷马时期的开始，是以多利安人从古希腊半岛北半部南下为标志的，约在公元前12世纪末到公元前11世纪。这个时期是氏族部落社会，已进入铁器时代，它改变了荷马时期的社会面貌：产生了私有财产和阶级分化，进入奴隶社会，这个时期的政治盛行原始民主制。到荷马时期末，它已经由部落的管理机构开始向国家统治机构过渡。由于多利安人的南下，克里特和迈锡尼文化遭到毁灭，古希腊文化必须从头开始。

从公元前12世纪到公元前8世纪的近四百年时间里，遗存的艺术史料甚少。由于"荷马史诗"在这一阶段汇集而成，并且反映了这一时代的精神面貌，所以史称"荷马时代"。"荷马史诗"是指《伊利亚特》和《奥德赛》，这两部史诗是古希腊初期文明的百科全书，正如柏拉图所说"荷马培养了整个古希腊"。换句话说，

◀古希腊瓶画，描述了雅典的奴隶和他的主人行走的情形，二者形成了强烈的反差

▶克里特出土的壁画，宙斯有一个喜欢化身为动物到人间的习惯，这幅图就是欧罗巴骑在宙斯变成的牛的背上

不了解"荷马史诗"也就无法理解古希腊文明。这又必然涉及古希腊神话，因此又可以说，如果不了解古希腊神话就无法鉴赏古希腊雕刻艺术。马克思曾说，希腊神话是希腊艺术的土壤。荷马时代正是古希腊神话的形成时期，略知一些古希腊神话，对于探讨、鉴赏古希腊、古罗马乃至后来的文艺复兴美术具有十分重要的意义。

古希腊的神自成体系

古希腊的神自成神系，称为"奥林匹亚神系"，前后两辈。在未有宇宙之前只有混沌之神——卡俄斯。卡俄斯生下大地女神盖亚、地深处神塔耳塔洛斯、爱神厄洛斯、黑夜男神厄瑞波斯、黑夜女神尼克斯。两个黑夜神又生下了太空神埃忒耳、白昼女神赫墨拉、死神塔那托斯、睡眠神许普诺斯。大地女神盖亚生天父乌剌诺斯，天父又与母结合生六男六女：女儿称提坦女神，男孩称提坦神。天父担心儿女夺权，便将提坦诸神囚禁于塔耳塔洛斯。盖亚怂恿最小的儿子克洛诺斯起来反抗父亲，受伤的父亲的血滴在地上生出复仇女神厄里尼厄斯和巨神吉伽斯，这就是前辈神族。克洛诺斯夺了父王之权与妹妹瑞亚结合生了六男六女，最小的叫宙斯。宙斯后来取代父亲主宰世界，又与兄姐及子女组成新的神系家族，生活在古希腊人敬奉的圣山奥林匹亚山。

人们在艺术品中常见到的诸神主要都是这个神系及他们繁衍的后代。众神之父宙斯罗马名朱彼特，统治天国、人间，

◀大地母亲盖亚的雕像，她是神的母亲，万物之灵，创造了后来神的大家庭

掌管雷电,又称天神;天后赫拉,又叫朱诺,掌管乌云、风暴、闪电和雷霆,称天空之神。宙斯的姐姐迪弥特,又叫赛来斯,是农业收获之神。宙斯的哥哥一个叫哈得斯,统治着地狱和冥国,另一个叫波塞冬,掌管海洋,又叫海神。宙斯和勒托生的儿子阿波罗是太阳神,女儿阿特米斯,又叫狄安娜,是狩猎和月亮女神;宙斯和天后朱诺生的两个儿子,一个叫阿瑞斯,又叫马尔斯,主管战争,称战神;另一个叫赫淮斯托斯,又叫瓦尔冈,是火神和工匠之神。

▲赫拉是宙斯的姐姐和妻子,是妇女和婚姻的保护神

宙斯和山岳神女迈亚生的儿子赫尔墨斯,又叫墨丘利,是众神使者和宙斯特使。宙斯与大海神女狄俄涅生的女儿叫阿芙罗狄忒,又叫维纳斯,也有人说维纳斯是从海的浪花中诞生的,她是爱和美的女神。

▲手拿三叉戟的海神波塞冬,掌管着海里的怪兽、风暴和地震

源于图腾崇拜的古希腊神灵

从神族家谱来看,古希腊神话显然是原始社会群婚制的产物。各种神职是人对自然现象不理解,想借助想象征服自然力,支配自然力,从而把自然力加以形象化。正如恩格斯所说:"由于自然力被人格化,最初的神产生了。"

古希腊民族在发展过程中曾几经变迁,他们的神话观念也在这种变迁中不断发生变化。这种变化的基本特点是由自然崇拜转向人性崇拜。人们所熟悉的这一时期的古希腊神话的基本特点是人按照自己的形象创造神,赋予神以人形、人性,甚至人的社会关系。神和人的基本区别在于神强大,常生不死,生活闲逸快乐;人类弱小,会死,生活艰辛,不得不经常求助于神明,但也常常诅咒神明作恶。古希腊人崇拜神,但同时赞美人,赞美人的勇敢和进取精神。古希腊人批评骄傲、残忍、虚荣、贪婪、暴戾、固执等人的性格弱

▲爱和美神阿芙罗狄忒,她是爱和美的象征,给人类带来了爱情和一切美好的事物

▶ 古希腊瓶画,冥界之神普鲁托和德墨特尔的女儿帕尔塞弗涅在一起闲聊饮酒的情形

点,并且认为往往正是这些性格弱点造成人生的悲剧。古希腊人崇拜神,但并不赋予神明过分的崇高性,也不把神明作为道德衡量的标准,而是把他们作为人生的折射。

古希腊神话正是以这种人本精神,以动人的故事和深邃的思想内涵,吸引了广大读者,发出魅人的力量,令人百读不厌,为后代文学艺术创作提供了丰富的材料源泉。

◀ 雅典的保护神像雅典娜的雕像,她是战神和智慧女神,拥有无上的神力,曾经多次拯救人类

雅典的保护神

据传说雅典娜曾与实力强大的海神波塞冬为争夺卫城相互争持不下,后来由众神决定,谁能为人类做出一件有用的东西,那么卫城就是谁的。波塞冬用自己的魔杖在卫城的山顶上敲击了一下,霎时,从岩石里面涌出了一股源源不断的海水,这是海上霸权的象征。雅典娜当时一点也不着急,只是安安静静地站在一旁,并用手中的长矛在地上划了一下,此时地上立即长出了一株枝叶茂盛、硕果累累的油橄榄树来,这被说成是和平的象征。她把和平、智慧和粮食奉献给人民,结果,这座城市归了雅典娜。从此,这座扼守古希腊门户的重镇便以它的守护神雅典娜的名字而命名。今天,雅典人民还自豪地说,他们的城市从诞生的那一天起,他们就是热爱和平的。

雅典娜是雅典的保护神,她受到了古希腊人,特别是雅典人的尊敬。人们传说她用自己的智慧向古希腊人传授了纺纱、织布、冶金、铸铁、造车、造船、制靴甚至雕刻等各种本领。人们说她还发明了犁和耙,驯服了牛和羊,又是园艺和农业的守护神。还传说雅典娜是法律和秩序的守护神,据传说雅典有名的阿雷奥帕格法庭就是由她建立的。

文学抒写神和人的故事

那部为世人所熟知的《伊索寓言》曾留下很多的做人道理,让人时时记得伊索的教诲,但是可曾想到在这个时期的古希腊还留下了另一种神圣而又怡情的作品——诗歌。古希腊人智慧、奔放、丰富的想象力全部一览无余地展现在世人的眼前。

古希腊人的文化价值观

海湾、海岛众多,航海业发达的古希腊,注定要同其他地区,特别是同埃及和西亚各国有广泛的商业、文化联系。古希腊人从古老的东方文化中吸收了丰富的营养来滋润自己,古希腊文学也具有显著的东方色彩。

由于古希腊位于欧洲南部,地中海的东北部,包括今巴尔干半岛南部、小亚细亚半岛西岸和爱琴海中的许多小岛。这样特定的地理条件使得古希腊人难以在田地里依靠农耕方式谋生,而必须是靠在海上经商、做海盗或到海外开辟殖民地来求生存。这种生存环境造就了古希腊人自由奔放、富于想象力、充满原始欲望、崇尚智慧和力量的民族性格,也培养了古希腊人追求现世生命价值、注重个人地位和个人尊严的文化价值观念。

▲海上民族的肖像,他们是以海为生,以海为家的人,常年生活在海上,构成了一支奇特的民族

古希腊的文学艺术

古希腊文学表现了古希腊人对宇宙、自然与人生的理解与思考,其中蕴涵着他们较

为原始的精神、心理、情感和文化的内容。外部世界的神秘莫测，大自然不可驾驭，人生的变幻无常，使他们形成了带有宗教宿命论色彩的"命运观"。体现在文学中，命运对人具有绝对的控制性和不可改变性，人必须服从命运的安排，但人又可以在宿命的范围内发挥最大的才干与潜能，随心所欲地去做自己的事。因此，古希腊文学和艺术具有丰富多彩、活泼的特征，具有人类社会童年时代天真烂漫的特征。

古希腊文学中的神和人都具有自由奔放、独立不羁、狂欢取乐、享受人生的个体本位意识，而在困难面前又表现出艰苦卓绝、百折不挠的精神。威力无穷的命运给古希腊人带来了困惑与恐惧，也培养了他们的自我意识和个体精神。此外，他们在与命运抗争中激发出了蓬勃的生命活力。古希腊文学正是在描写人对现世价值的追寻、人与命运的矛盾和抗争中展示了人性的活泼与美丽，表现了人类社会童年时期的自由、乐观与浪漫。生命意识、人本意识和自由观念是古希腊文学的基本精神，以后也成了西方文学与文化的基本内核。

▲约公元前600年的陶罐，其兽头形状的图案表现了古希腊人的丰富的想象力和高超的智慧

古希腊文学的发展大致可以分为三个阶段：从氏族向奴隶社会过渡阶段，这时产生了神话和史诗；古典时期，即奴隶制全盛时期，产生了悲剧、喜剧、散文和文艺理论；古希腊化时期，文学崇尚修辞技巧，内容贫乏，主要成就是新喜剧。公元2世纪以后，古希腊影响所及的地区被罗马帝国吞并，虽仍存在古希腊语作家，但古希腊文学已失去独立性。而在公元前8—前6世纪史称古希腊历史的"大移民时代"，是古希腊文学成就最高的时期，这一时期的文学主要成就包括抒情诗和寓言。

▼修昔底德像

▶古希腊的阿波罗雕像,罗马时期的复制品,他是古希腊的太阳神,同时也是音乐、预言和医药之神

古希腊的抒情诗歌

古希腊抒情诗包括多种题材,主要分为双行体诗、讽刺诗、琴歌和牧歌。其中写双行体诗的古希腊诗人众多,最早的诗人据传是公元前7世纪上半叶的卡利诺斯,但是最擅长写此诗体的则是西摩尼德斯(公元前556—前466)。雅典民主制度的创建者梭伦也写过不少诗歌。

然而古希腊抒情诗中,成就最高的却是琴歌,是一种伴随着音乐的歌曲类诗体。琴歌可分为两种,一是独唱体,一是合唱体。

独唱体琴歌的代表人物是女诗人萨福(公元前612—?)。她在雅典的民主派和贵族派的政治斗争中被迫流亡国外,后来在故乡莱斯博斯岛创建音乐学校。她一共创作了9卷诗,但留存下来的只有两首是完整的,其余都是一些残篇。她的语言艳丽无比,情调伤感,感情真挚,题材上多描写缠绵悱恻的爱情,如她的名作《致阿那克托里亚》,沉痛哀婉,感人肺腑。据说萨福是个同性恋者。她的许多诗作均于1703年在罗马和君士坦丁堡被公开焚毁。然而在古代希腊世界,萨福的地位极高,曾被柏拉图称为"第十个缪斯"。

除萨福外,阿尔凯奥斯和阿那克里翁也非常擅长写独唱体琴歌。阿尔凯奥斯和

◀德尔菲圣路旁边纪念碑上的古希腊铭文,古希腊文字的发展,直接影响了当时的文学的发展和流传

▲雅典人米南都在新喜剧占有重要的地位

萨福过从甚密,但声名略逊于萨福。他的创作大多数是政治和战争题材,体现了琴歌中刚猛的一面。后世评论家认为正是他和萨福两个人使古希腊抒情诗达到登峰造极的地步。而阿那克里翁则由于投靠王室,充当御用诗人而名声不佳。他的作品通俗流畅,对16世纪之后的欧洲诗歌产生了深远的影响。

至于合唱体琴歌,成就最高的诗人是品达(公元前518—前442)。他曾受教于雅典的一些著名的音乐家,其诗作的主题多半是歌颂神、歌颂奥林匹克运动的。他一生共创作诗歌17卷,现存4卷完整的竞技胜利者颂(共计45首诗)。品达的诗歌对后世影响非常大,弥尔顿、歌德等都曾有意模仿过他的风格。

古希腊的寓言故事

关于寓言方面,相传是公元前3世纪上半叶的一位获释的奴隶伊索成就最高。他聪明绝顶,一生创作了许多寓言故事,但现在传世的只有公元前4世纪的一些古代作家整理编纂的120余则。不过根据考证,其中有很多故事可能来源于亚洲或非洲,并非伊索所作。

《伊索寓言》主要是通过一些动物的言行来寄寓道德教谕,著名的故事包括"狮子和老鼠"、"狐狸和仙鹤"、"披着羊皮的狼"和"狐狸和葡萄"等。《伊索寓言》通常短小精悍,思想性颇强,体现了古代希腊人的智慧,对后世的文学都产生了影响。

欧洲文学的主要体裁,如诗歌中的史诗、教谕诗、抒情诗、田园诗,戏剧中的悲剧和喜剧,散文中的历史、演说、哲学论文、对话录、文学评论、传记、传奇和寓言等,莫不创始于古希腊。

"大移民时代"是古希腊文学方面取得最高成就的时期,其中很多作品都流传于后世。不但对后世诗歌、寓言的创作起到了指导作用,而且对现代人来说,这些作品仍然能带给人们美的享受和无穷的哲理。

▲有牧歌诗人之称的锡腊库扎诗人提奥克里图斯

◀伊索雕像，这个伟大的作家给我们留下了一部伟大著作

▶那部著名的《伊索寓言》，1509年出版的英文版本，它的故事家喻户晓，它的哲理令人深思

《伊索寓言》

《伊索寓言》通过简短的寓言故事来体现日常生活中那些不为人们察觉的真理，这些小故事各具魅力，言简意赅，平易近人。不但读者众多，在文学史上也具有重大影响。《伊索寓言》吸收了东西方文化的精华，是全世界少年儿童的经典读物，其短小精悍的故事，蕴含深刻的哲理，构思精巧，语言幽默，许多内容具有永恒的价值，是世界上读者最广泛的作品，适合不同时代、不同民族、不同年龄、不同背景的各类读者阅读。《伊索寓言》具有较高的思想性和艺术性，古今中外许多政治家、文学家、艺术家都经常引用《伊索寓言》中的故事，阐述、论证自己的观点。《伊索寓言》以通俗易懂的故事，说明奥妙的哲理，读后余味无穷、令人深思。

许多故事真可以说是家喻户晓：龟兔赛跑、牧童恶作剧、狼来了、狐狸吃葡萄。几千年后的今天，《伊索寓言》已成为西方寓言文学的范本，亦是世界上流传最广的经典作品之一。

▲《伊索寓言》中描述的猎人和狐狸的故事

第三章
废墟中解读古希腊

在德国波鸿鲁尔大学学者汉斯·罗曼的率领下，德国一个考古小组在土耳其港口城市伊斯米尔以南100公里处的密克勒山上发现了帕尼奥神庙（Panionion）遗址。

2500年前，帕尼奥神庙是古希腊帕尼奥城邦的中心神庙，人们在这座神庙中供奉一位原始的海陆之神。《伊利亚特》中首次提到了古希腊人对这一神灵的敬仰。公元前7世纪，古希腊人战胜长期聚居于小亚细亚半岛美利亚城周围的卡尔人，并在此处修建了帕尼奥神庙。此外，这一发现也推翻了人们以前的推测，即这座神庙位于小亚细亚半岛的其他地方。罗曼认为，这一发现使得现存的史学资料能够通过考古的方法得以证实。另外这座史前时期地下神庙的挖掘工作必将引起考古界的极大轰动。

透过这些废墟，可以想象得出当时的灿烂景象。试想，要是没有战乱的损毁，那将会是一个什么样子。恐怕，这个问题永远也不会有人能够答出了。

▲雅典卫城，雅典王神殿区，除了发现的帕尼奥神庙外，这座神殿同样的辉煌雄伟，同样是古希腊的象征之一

永恒的女体雕像

"断臂女神"维纳斯

《米洛斯的阿芙罗狄忒》俗称《米洛斯的维纳斯》《断臂的维纳斯》《维纳斯像》等,大理石雕像,高204厘米,亚力山德罗斯创作于约公元前150年左右,现收藏于法国巴黎卢浮宫。《米洛斯的维纳斯》高贵端庄,气韵流动,充满了生命的气息,静穆而伟大,单纯而高贵,不同于纤巧玲珑之美,也有别于娇柔俊俏之美。100多年来,一直是世界上最负盛名的雕像。她的艺术魅力永恒无限。端庄的身材,丰润的肌肤,典雅的面庞,含蓄的笑容,微微扭转的风韵万千又不失高贵的站姿,这一切构成和谐而优美的体态。

1820年春天,维纳斯像在古希腊的米洛斯岛上一座剧场的遗迹中一出土,立即引起了全世界的关注。从雕像被发现的第一天起,就被公认为是迄今为止古希腊女性雕像中最美的一尊。这尊雕像还是卢浮宫的三大镇馆之宝。从这尊维纳斯雕像,可以看到古希腊的美,这种美不仅仅是心灵上的,而且是实实在在让人看得到的。虽难以想象维纳斯的原型是何种模样,但是人们从她的身上可以感受到那一段美妙的岁月。

传承埃及的雕塑艺术

西方雕塑的传统发端于古希腊和古罗马文化,但古希腊雕塑却又曾被古埃及雕塑深深地影响过。在公元前4000年左右,古埃及的雕塑突然兴盛起

◀维纳斯,优雅的姿态,黄金分割的科学美的比例,无不流露出维纳斯的高贵典雅的气质

来，并且形成了人类雕塑史上的第一个全盛时期。古埃及雕塑有着准确的造型、风格化的语言和内在神秘的精神风貌。在古王朝时期出现了大量纪念碑似的雕塑，有的甚至是可以令全人类为之骄傲的杰作，最有代表性的是吉萨的狮身人面像，它有20米高，50多米长，仅面孔就高达5米，它和临近的金字塔一起构成了建筑之谜。它在造型上服从于"正面律"程式，似乎是一个狮身人面，戴着国王的头巾，与某位法老的肖像比较接近，它是当时埃及雕塑具有祭祀和宗教功能的反映。它和别的法老肖像一样在形式上给予人的印象是庄严、雄伟、浑厚、稳固，犹如不可动摇的大山。

  无论是狮身人面像、法老的肖像，或是别的古埃及雕塑，它们都亘古不变地遵循着"正面律"的程式，透过它们，可以感受到古埃及雕塑的审美理想是追求"永恒"。而古希腊雕塑的审美理想则是追求"真实的美"。古希腊雕塑家创造了越来越凭艺术家灵性和天赋使雕塑作品达到新颖活泼的形式，尽善尽美的境界，并一点点地从平面趋向小的起伏。于是他们留下了《掷铁饼者》《米洛斯的维纳斯》等写实性雕塑的千古典范。古希腊雕塑的发展大致可分为三个阶段：古风时期、古典时期、古希腊化时期。在"古风时期"古希腊雕刻处于探索阶段，它借用古埃及雕塑的"正面律"法则来制作人像，形成了"古风"程式，这一时期的雕像形体大都比较古朴、僵直，雕像的重心总是落在双足之间。到了一批制作于公元前5世纪的青年裸体立像被发现时，人们看到旧的程式被突破了，人体的重心落在了一只脚上，整个人体因而放松，显得自然、真实。这一批青年裸体立像的出现标志着古希腊雕塑进入"古典时期"。"古典时期"即古希腊雕刻的全盛时期，这时的雕塑在追求"真实的完美"，追求客观真实之美的境界已经到了登峰造极的程度。在文化史上，通常把从亚历山大远征开始到埃及托勒密王朝臣服于罗马帝国的历史阶段称为"古希腊化时期"。

  "古希腊化时期"的题材相当丰富，出现的地区也十分广

▶穿着短外套的古希腊男孩的雕像，发现于小亚细亚，人物形象逼真

泛，从某种意义上形成了一种文化的扩张，其影响覆盖了整个欧洲，并且成为了整个西方艺术的奠基。其崇尚客观真实之美的文化便是西方文明讲究思辨性、讲究客观之真的最初体现。古希腊雕塑创造了一种美的综合，对于人体本身也充满了赞美，这些可以从这一时期的许多裸体雕塑上得以体会。反过来说，崇尚裸体的风俗也给雕塑语言的发挥以淋漓尽致的机会。

生殖崇拜的女雕像

浩如烟海的古希腊文物好像在告诉人们，在漫长的历史时期里，女性的角色和位置虽然发生了很大变化，但是她们在古希腊的文化和社会生活中占有非常重要的地位。

在考古发现的众多雕像中，女性形象占据着主导地位，虽然普遍制作得非常粗糙，但是女性的性别特征被着意突出。由于女性有着繁衍后代的社会职能，所以当时的人们将她们与原始信仰中的大地之母或者丰产女神相联系，性别特征则作为生命的源头而加以强调。这种理念延续了几千年，对以后的古希腊艺术和文化有着巨大的影响。

在青铜时代的早期，爱琴海中部的基克拉迪群岛形成了基克拉迪文明，其特征之一就是大理石的女性雕像系列。来自纳克索斯岛的一件"抱臂女像"展示了这些雕像的共同特点。它有着七弦竖琴形的头部，但是没有眼睛、耳朵和嘴，较长的鼻子呈半圆锥体形。身体没有太多细节，只有一些凹刻的线条可以区分双臂、双腿、脊椎等部位。考

▲"古风时期"雕刻的石灰石头像，体现了古希腊雕塑的厚重感，同时她还具有浓郁的东方风格

▶约公元前650年的古希腊雕像，它描绘的是一个年轻女子科瑞的形象，是"古风时期"的雕像的代表之一

▶穿着多利式长袍的妇女雕像,在这个时期,古希腊的女性形象占了主导地位,产生了很多美妙的雕塑,这是缘于一种生殖的崇拜

古学家们研究发现,这件作品出自一位被称作"高兰得利斯大师"的艺术家之手,他可能来自纳克索斯岛,专门雕刻女性形象,作品众多,艺术特点是平滑的轮廓和利用凹线来表达身体结构的细节,是基克拉迪雕像的代表人物。基克拉迪文化的雕像仍然以反映女性为主,延续了新石器时代的传统。与过去不同的是,基克拉迪文化的雕像通常是在墓穴内部发现,它们作为陪葬品被放在那里。

青铜时代的女雕像

克里特文明是古希腊青铜器时代的一个巅峰,在当时的克里特岛上,女性没有受到任何约束,她们穿戴着色彩调和、线条优美、格调雅致的服饰,与男人一起劳动、工作、游乐,几乎与现代女性别无二致。即使是最严肃的考古学家,也会

▲古希腊妇女用来装香水的瓶子,做成了凉鞋的形状

◀克诺索斯王宫壁画,也就是被称为"巴黎女子"的那幅著名的画像

将米诺斯王宫壁画上的一位女性命名为"巴黎女子"。她有着优美的发式,鼻子高耸,嘴唇性感,如果不是画在一个3000年前的古代宫殿里,那么她活脱就是一个充满挑逗和诱惑的现代都市女子。而在克里特人创造他们的众神时,神的形象也是按照女人的容貌雕刻而成。

岛上的伊拉克里翁考古博物馆藏有一件"扬手女神像",这是一件非常类型化的作品。女神的身体为圆柱形而且中空,用陶轮制作的下部是一条夸张的裙子。画在圆柱形上部的五道平行的细纹表示衣服的褶纹。腰部周围画着一条宽纹,表示收紧的带子。双乳裸露,周围的两个同心圆和双肩及双臂上的细红线表现了张开的胸衣。三角形的面部有过于突出的大鼻子,毫无生气的圆形双眼以及用一道切缝表示的薄嘴唇和鱼鳍一样的双耳。女神的扬手是一个宗教姿势,是女神对她的崇拜者表示祝福,也可能象征着敬神者在召唤神的出现。这件作品与"巴黎女子"形成了巨大的反差,但这种类型化和抽象化的作品数量增大正是克里特文明末期

▲壁画上正在织布的古希腊妇女

雕像制作的重要特征。

公元前 11 世纪，原有的克里特文明和迈锡尼文明陆续崩溃，古希腊进入了一个动荡和贫困的时代，古希腊文化受到东方文明的很大影响。到了公元前 7 世纪，与东方的接触推动了雕刻艺术在古希腊的新发展，在这一时期出现了最早的大型雕刻作品。这一时期的艺术被称为"代达罗斯风格"，其中的人物形象刻画理性而严谨。女神仍然是这一时期的主要艺术题材。帕罗斯岛的作坊大约在公元前 680—前 660 年间制作出的一件"代达罗斯风格女像"是这种风格发展到后期比较成熟的作品。这可能是一位女神，她身穿装饰有钻石图案的长衣。从左臂上可以分辨出披肩薄纱的边缘。她的秀发在脸部两侧呈三角形，每个发卷都用黑色曲线细细勾勒。六个彩色发卷覆盖在她的前额上，上面还扎着一条宽宽的发带。这个形象更多地在渲染一位高贵的女子，但她拘谨而刻板的表情可能反映着古希腊女性在地位发生转变时的感受。

▲女神的陶像，在这个时期的作品中，构图上还是比较严谨的

在古希腊文化最辉煌的"古典时期"到来之前，少女雕像成为艺术的主流形式之一。作品中的少女们体态细长轻盈，服饰也一改以往的僵硬刻板，而最为鉴赏家们所津津乐道的

▶怀抱孩子的妇女，衣服的褶皱清晰，头部的五官神情自然和谐，眼神中流露出对孩子的怜爱之情

◀年轻女子像，手拿托盘，里面盛着生物，公元前2世纪的古希腊雕塑

是她们脸上带着的轻柔微笑，这种笑容可与蒙娜丽莎相媲美。在雅典卫城的考古发掘中，曾经出土了很多这样的少女雕像，她们被奉献给雅典娜女神。其中一件作品是这样的：少女身穿一件有细密波浪形褶皱的绿色爱奥尼亚式长裙，斜披大长袍，披风边缘有彩色条纹装饰。她伸出左腿，撩起长裙，长裙中片的下部装饰着弯曲的花纹。少女的脸近乎方形，波浪般的卷发勾勒出她脸部的轮廓，色彩的运用突出了她棱角分明的下颌和鲜明的五官。

女神雕像

在"古典时期"及以后，古希腊神话是最重要的艺术题材。即使此时男性形象已经成为艺术创作的主要对象，但是神话中的女性们仍然是不可或缺的。保存在克里特岛上的女神得墨忒耳像是公元2世纪非常精致的作品，它混合了晚期古典时代和古希腊化时代已知作品的特点。在这件作品后面，有一个动人的故事：女神得墨忒耳是农业的保护神，在古希腊神话中有着悠久的历史。她的女儿珀尔塞福涅被冥界之主普路同劫走成婚，无法再回到她的身边，因此她深

《自杀的高卢人》

古希腊化时期重要的艺术中心之一在小亚细亚帕伽马王国。在公元前241年—前197年间击退了高卢人的猛烈进攻，为此，帕伽马王国建立了卫城，并在广场上建立了胜利纪念碑雕塑群像。《自杀的高卢人》是其中的作品。作品表现被打败的高卢人首领，为了不做敌方阶下囚而受辱，勇敢而坚定地杀死爱妻之后自杀。这是一座震撼人心的悲剧性雕像。雕刻家着意刻画自杀时的紧张瞬间，群雕采用各种对比的手法塑造形象，立与垂下、生与死、动与静、形体的仰与俯、正与侧转，构成了一座三度空间四面观赏的组合雕塑形式，成为后来广场雕塑像的范本。

▲得墨忒耳献祭的队伍,神话人物的题材已经深深植根于古希腊的雕刻艺术之中

感悲恸。因为无法摆脱失去女儿的痛苦,得墨忒耳停止了帮助人类,其结果是农作物尽毁,土地全部荒芜。奥林匹亚诸神的最高统治者宙斯从中进行调解,提出了一个挽救人类的解决方案:普路同同意珀尔塞福涅每年有2/3的时间回到地面上与母亲共同生活。在这段时间里,得墨忒耳心情非常愉快,所以大地孕育发芽,农作物生长,树结果实。而在其余的时间里,没有女儿陪伴的得墨忒耳自然也无心照管人类,所以就万物凋零。这或许也是古希腊的母亲们情感的真实写照。

不同的时代,有不同的艺术形式,也有不同的创作主题,但是古希腊文化和艺术始终给人以回味无穷的感觉。虽然历经了漫长的岁月,在这些文物中所表现的古希腊风情依然光彩夺目,向人们展现着她独特的韵味与风姿。

▲这是一座古希腊雕像,神态动作逼真形象

神秘的绘画风格

在克里特的遗址中,考古学家们发现了多幅用来装饰住宅的彩绘壁画,其中最惊人的一幅绘有两个港口,一边的人们或裸体或穿着古希腊式束腰及膝短衣,另一边的人们身披长袍,翩翩然有贵族气派。中间一支海豚簇拥的船队,也许暗示了两地正是由海上贸易维系起来的。壁画现藏于雅典考古博物馆,在其出土之处无缘得见。

精美的彩绘壁画给了人们无限的遐想和思考,很难想象古希腊的艺术家是如何想到在墙壁上作画的。但是从遗址的壁画里,不难看出古希腊人的想象力和创造力是何等的高超,同时也体现了古希腊人民智慧。谁说艺术不能回归生活。在古希腊人的头脑中,艺术,就是生活!

▲ 克诺索斯王宫里王后房间壁画上的海豚,栩栩如生

神话孕育了绘画艺术

古希腊艺术的形成、发展与其社会历史、民族特点、自然条件有着密切的关系。城邦国家的奴隶主民主政体为文化艺术的发展提供了有利的条件,城邦国家要求公民具有健壮的体格和完美的心灵,这也成为艺术创造的理想形象。贸易和航海业的发展造就了古希腊人的坚强

▶ 克诺索斯王宫壁画,上面刻画了一个男子越过公牛背的瞬间,左边那个人抓住了公牛的角,右边那个人正要接住牛背上的跳跃者

意志、机智灵活以及勇于追求理想的积极的性格，也使古希腊人得到接触两河、埃及等地区文化的机会。古希腊神话是古希腊艺术的土壤，古希腊神话包含着人们对自然奥秘的理性思索，它孕育着历史和哲学观念的萌芽。古希腊神话中"神人同形同性"的特点使神具有人的面貌和情感，成为促使艺术与生活息息相通的有利因素。温和的古希腊气候使古希腊人有广阔的露天活动和运动的场所。四年一度的奥林匹克运动会上，运动员裸体竞技为艺术家提供了塑造健美人体的条件，使他们对于人体美有较早的领悟和表现。古希腊艺术家正是在这种环境下创造出古代世界最杰出的艺术，给人类宝库留下了最珍贵的遗产。

在公元前8世纪之前，在和小亚细亚沿岸东方民族的交往中，古希腊绘画艺术发展起来。在"古风时期"情节性绘画的类型就已确立，先后出现了三种风格：东方风格、黑绘风格、红绘风格。克里特文化中的美术主要集中于当

▲绘有赛跑场面的陶瓶，为了纪念马拉松战役等胜利，古希腊人发起了马拉松长跑运动，延续至今

时克里特国王米诺斯的宫殿中。米诺斯王宫是一个庞大复杂的建筑群，占地约20000平方米。宫殿内结构复杂，层次多变被人们称为"迷宫"。宫殿墙上有壁画装饰，其中以《巴黎少女》《交谈的妇女》《侍女图》最为有名。克里特还出土了一批小型雕像，其中典型的是《玩蛇女郎》，他们的题材多采自东方民族的图案和形象。

到公元前6世纪初，古希腊的绘画已经开始摆脱东方传统的影响，并且逐渐形成了自己的装饰风格，也产生了一些杰出的画家，据传说有两位古希腊画家曾进行绘画竞赛：一个画出鲜美诱人

◀米诺斯王宫壁画上的青年男子是一位王子，非常富有动态美的人物形象

▲描写外邦人劳作的陶瓶

的水果引鸟儿来啄食，而另一个却画出一块布盖在画上，骗得他的对手去揭开。结果当然是后者获胜。但是在今天，流传下来的古希腊的美术作品基本上是雕塑和建筑方面的，当时享有盛名的画家，后人已看不到他们的绘画真迹，只能凭文字的记载来想象他们这些画家的创作了。

唯美的陶瓶壁画

不过，还有一个能让人窥视古希腊绘画真迹的窗口，那就是所谓"瓶画"，即绘在陶制器皿上的图画。公元前8世纪的狄普隆墓地的陶瓶，已显示出瓶画艺术动人的面貌，公元前7世纪的绘画主要为东方风格，出现了受埃及、两河地区影响的兽首人身像、植物纹样等。

但其黄金时代还得说是在古希腊"古风时期"和"古典初期"（约公元前650—约前480年）。古希腊瓶画经历了"黑绘式"与"红绘式"两个主要的发展阶段。黑绘风格出现于公元前6世纪初，它是把主体人物涂成黑色，背景保持陶土的赭色，使形象轮廓突出，有如剪影，细部稍用勾线表现。这个时期代表作有《阿喀琉斯与埃阿斯玩骰子》等。红绘风格出现于公元前6世纪末，它恰好与黑绘风格相反，是在背景上涂以黑色，留下主体部分的赭色，人物细部用线来描绘。这种风格主要流行于古典时期。绘画表现的多为情节性场面，以神话题材和日常生活题材为主。流畅秀丽的线条表现了各种人物、戏剧性的动人场面以及细腻的感情。黑绘瓶画上的图像是黑色的，红绘瓶画上的图像是赤褐色的。在不少没有留下姓名的瓶画家之外，也有一些人的姓名传了下来，如黑绘名家埃克塞基亚斯（活跃于公元前6世纪下半叶）、普斯亚克斯（活跃于公元前6世纪下半叶）；红绘名

▲双耳瓶，约公元前560年，瓶上描绘了狩猎野猪的场面，双耳瓶体现了这一时代的典型风格

▼在古希腊大陆发现的陶器，描述的是古希腊军队的情况，显示了高超的技术

家欧弗罗尼奥斯（活跃于约公元前520—约前500年）等，这是迄今为止，在绘画历史中，首次出现创作者个人的姓名。

进入古典时期（约公元前480—前323年），还出现了一种白底彩绘瓶画，绰号"阿喀琉斯画家"的作品代表了这种瓶画的风貌。从黑绘到红绘，再到白底彩绘，反映出古希腊画家的追求，其中的发展变化，充分体现着他们把绘画看成一面镜子，要复现自然的形态，使观画者注视画出来的图像时，觉得跟真实的事物和景象相似。这种模仿自然、再现对象的态度和方式，成为古希腊美术的基本特点之一。

古希腊的陶瓶壁画对后来欧洲及西方绘画的发展，产生了极其深远的影响。古希腊绘画与古代东方绘画相互映照，共同构成丰富多彩的艺术景观。

▲水罐上的一个画面，仆人正把孩子送到她母亲的怀里，艺术家们生动地表现了这一场景

▲在岛上出土的陶瓶、陶罐，还有婴儿的睡床

陶壁上的画

卢浮宫是世界上最重要的古希腊陶器收藏馆。绪利馆二层坎伯那陈列廊展示古希腊古老的陶瓶。这些古瓶是优美的实用品，工艺高超，公元前6世纪中期以后，雅典陶瓶曾经垄断了国外市场。古瓶斑斓的图画保存了古希腊消失了的绘画记忆，彩绘多用红黑两种颜色，称为红底黑花的黑花式和相反的红花式。还有从圣托里尼(Santorini)南部的Akrotiri出土的壁画，壁画上描绘古希腊日常生活的情形，如打拳少年、航海图等。这些壁画在公元前1500年时因火山爆发被埋没于地下。

奇异的雕刻艺术

雅典奥运会开幕式上一个个由演员扮成的人体雕塑,首先让人联想到的就是雕塑家米隆的著名作品——《掷铁饼者》。那座高约152厘米,在罗马国立博物馆、梵蒂冈博物馆、特尔梅博物馆均有收藏的雕像。原作为青铜,米隆作于约公元前450年。原作已失,现存为复制品。雕像选取运动员投掷铁饼过程中的瞬间动作,是铁饼出手前一系列瞬息万变动作中的暂时恒定状态,这正是古典主义风格所追求的。

法国美术史家丹纳曾说:"古希腊人表现人体还有一种全民性的艺术,更适合风俗习惯与民族精神的艺术,或许也是更普遍更完美的艺术,这就是雕塑。"人体雕刻艺术是古希腊雕刻艺术之冠。

在"荷马史诗"的记载中,荷马常用"多金的"这个词来形容迈锡尼。其实它并不盛产黄金,但是金银工艺制品相当发达,这是由于迈锡尼人同产金国,尤其是埃及人直接贸易所形成的,其中最引人注目的是金面具、金酒器等。当今考

◀掷铁饼者,大理石雕像。这是古罗马人对古希腊著名雕刻家米隆作品的仿制品,米隆的原件是约公元前450年的青铜雕像

▶调酒罐，它是两个把手的大酒罐，用来把酒和水混合在一起，它有两种主要类型：卡里克司调酒罐和把手呈螺旋状的漩涡式调酒罐

古发现除狮门有装饰雕刻外，雕塑艺术成就主要表现在金银工艺制品上。

奇异的雕刻

动物雕塑在酒器工艺中被广泛运用。"狮头酒杯"是用金箔敲打而成的，形象以写实为基调，着力于装饰雕琢，简练概括，呈现狮子的基本形象特征。最有趣的是有双把手的高脚"鸽子酒杯"，造型不一般，这种形状的酒杯在史诗《伊利亚特》中曾有过描写："旁边放着一个酒杯，是老人从家乡带来的。它镶嵌着金钉，杯的提耳一共有四只，每个提耳上面站着一对黄金鸽子，好像正在啄饮；提耳下面有两条长柄。"这是真实的记录，在"荷马史诗"中确有史实根据。

▲这就是以"阿伽门农面具"著称的金面具，透着身为王者的威严

金面具是丧葬品，模仿死者的面容制成，一般是罩在身份高贵的死者的脸上，这些面具实际上就是氏族部落首领的遗像。所以每个面具的面型都有特点：有的浓眉大眼，有的淡眉微现，有的嘴唇紧闭。迈锡尼的这种为死者罩面具的风俗，古埃及人早已沿用，且有明显的宗教含义：为死者留下一个不朽的面容，以便死者的灵魂飘荡四方以后还能找到自己的归宿。迈锡尼人制作面具是否也具有这种宗教含义，至今尚无史料证明。

爱琴海艺术从地理环境上看起来似乎前接埃及艺术，后续古希腊艺术，但是它绝不是埃及艺术和古希腊艺术的中间媒介。爱琴海地区的雕塑艺术具有民族的、地方的特征，这种个性特征既表现在艺术形式构成上，也表现在审美意识上。爱琴海艺术形象给人们的视觉感受不像埃及那样对神灵和法老

▶埃及人在科姆·奥姆波建造的神庙，具有传统的埃及风格，与古希腊雕塑风格有很大的区别

▲帕特农神殿檐壁,描绘了每四年举行一次的泛雅典娜节游行,人们将新的礼服献给女神

的崇拜,更多的是对神灵和王者的无视。他们的艺术直接同人类自身与现实生活相联系,艺术形式比起古埃及来更为轻松自然,具有和谐的节奏感和波动律。

古希腊人在民主自由和激烈竞争的环境中不仅发现、孕育和创造了美,而且也创造了神,在古希腊人的心目中最完美的人就是神,因此古希腊人尊重人,把人提高到神的高度加以肯定,神和人是同形同性,古希腊人把强健的身体看成是一切善与美的本原,而把古希腊神话视为艺术的精神本源,所以古希腊艺术主要成就表现在神与人合一的雕刻和神庙建筑。古希腊美术的主要特点是无所不包的和谐与规律性,还有庄严与静穆。它的主要标志是人体美,古希腊人为人类贡献了高不可及的艺术典范之作。

雕刻的非凡成就

由于北方蛮族南下毁灭了克里特和迈锡尼的文明,古希腊人被迫重新创造自己的文明。因此,在各个时期雕刻作品也各有其特色。古希腊雕刻分3个时期:古风时期(公元前750年—前6世纪末),因这时期的雕刻艺术呈古朴稚拙的风格而得名;古典时期(公元前5世纪下半叶—前334年),指希波战争结束至马其顿亚历山大大帝开始东侵;古希腊化时期(公元前334—前30年),指罗马灭亡埃及托勒密王朝这一历史时期。

到了公元前8—前6世纪,古希腊社会发生了巨大的变化,部落首领的权力完全消失,原始公社瓦解,奴隶制度在古希腊形成,开始建立了奴隶制的城邦国家。由于陆地贫瘠,城邦国家之间的矛盾日益尖锐,导致海上扩张和殖民统治。这两个方面互相影响、

▶德尔菲阿波罗神庙里面胜利女神的雕像,很有当年那种"古风式微笑"

互相促进,使古希腊在政治上与经济上很快成为地中海世界的一支强大的力量。

在荷马时期,雕刻艺术仅是一些小雕像。真正的古希腊雕刻史的首页应从古风时期开始。因为古希腊雕刻中最突出的人体雕刻就是在这一时期奠定基础的。

人们从保存下来的属于古风时期的男女人像雕刻中,可以窥见人类幼年文明时代的成就。古风时期的男子人像雕刻主要是青年全身裸体立像,古希腊人称为"库罗斯"(意为"小伙子")。这些雕像在人体比例和肌肉质感方面都接近真实的人体,面部表情开始生动起来,现出笑容。不管何种身份和职业的人物都用这种微笑表现,成为当时统一的时代风格,后人称之为"古风式微笑"。

在古希腊艺术发展进程中,由古风发展到古典时期中间有一个过渡时期,指公元前5世纪前半期。在这段时期里古希腊经历了一场反抗波斯入侵的著名的希波战争。著名的马拉松战役就发生在这个时期。

希波战争对古希腊具有深刻影响,残酷的战斗培养了古希腊人强烈的爱国主义和奋发图强的精神,产生了伟大的悲剧艺术。在雕刻艺术中出现了战斗,歌颂英雄业绩的主题,无论是表现神话

▼阿尔特弥斯——西布莉神殿,遗址的柱头是茛苕叶涡形花纹或是美索不达米亚吸收波斯人喜好的棕榈叶为装饰

《命运三女神》

《命运三女神》是巴特农神庙的东面人字形山墙上全部雕像中的一组雕像残片。三位女神是克罗索、克拉西斯和阿特罗波斯。她们的任务是纺织人间的命运之线,同时按次序剪断生命之线。她们是宙斯的御前顾问西米斯的女儿。人们从三女神的姿态神情中看到的不是神,而是人间姐妹之间亲密动人之情,从坐躺姿态中隐现出各人的个性气质。

古希腊雕刻十分重视形象的整体不可分割性,人体各部分都充分发挥出造型特性,力求表现形象的内在生命。所以尽管形体残缺,但每一个部分都蕴含着生命不息的精神,就是说,雕像的残片也是有生命的活物,观赏者可以通过可视部分的动作姿态联想残缺的部分,从而获得完美的审美感受。

雕刻家运用高超的雕刻语言,真实而细腻地刻画了透过女神衣褶隐现出来的丰满、柔美的肉体。雕刻采用不同的曲线变化造型:坐立女神,松软的连衣裙由于肉体的起伏而形成横竖疏密的变化,丰满的酥胸和乳峰处上平下褶,束腰向下揉褶繁复,从整体看疏密变化有致;躺卧的女神袒胸露出圆浑柔软的肌肤,身体的动势显出优美的体形和波浪式的衣纹曲线疏密节奏的流动,既平稳又柔和。

作为雅典卫城重建和雕刻的艺术总监,菲狄亚斯是否亲自动手创作这组浮雕,已不得而知,但可以肯定这是在他指导下完成的,三女神的塑造体现了菲狄亚斯的艺术风格。

还是现实题材都与古风时代作品不同,与"古风式微笑"形成鲜明对照,产生了具有时代精神的严谨风格:从静态的姿势转向力求表现运动甚至激烈动作;从过去只表现人物的正面发展到表现人物的多种方面。雕刻的技巧更加熟练,逐渐形成一种比例匀称、结构准确、形体明晰的"团块"体系。这时期的代表作品有《驾车人》、《波塞冬》、《鲁多维奇宝座浮雕》和《里切亚青铜雕像》等。

古希腊人在大理石上刻画着自己的理想,同时也是在刻画着古希腊人的艺术风格和民族精神。而且,古希腊雕塑的非凡成就对后世的雕塑艺术的发展产生了巨大的影响。

▲古希腊雕刻的石制雕塑作品

▶这是在爱琴海发现的海神波塞冬的巨大青铜雕像,它的两只眼睛已经丢失,当时镶嵌在眼睛里面的可能是两颗宝石

繁荣的宫殿建筑

2000年，卡特斯诺·保罗博士声称经过12年的寻找，终于发现了荷马、柏拉图和其他古代作家提到过的克里特城遗址。对城墙和这些青铜时代遗迹的研究表明，这个早期市镇与后来的继承者命运是相同的，一些生生断裂的墙壁表明它遭遇了地震，大量海洋生物骨骼的存在则强有力地说明了地震之后市镇沉入了海底。

城市被毁于公元前373年的一次地震，其后强大的海啸把它卷入海底，这给柏拉图描写亚特兰蒂斯提供了灵感的源泉。对于神灵留下的不朽的古希腊建筑，后人从很多资料中都可以领略它的雄浑，它的巧夺天工。

这些雄伟的建筑是这些天神自己建造的，还是古希腊人遵从神的旨意在神灵的帮助下建成的，这要从古代希腊开始说起了。

▲古希腊初期的雕刻作品，传说中鹰头狮身长着翅膀的怪物

宏伟的宫殿建筑

古代希腊是欧洲文化的摇篮，同样也是西欧建筑的开拓者，但毕竟还处在萌芽和胚胎时期，它们的类型还少，形制很简单，结构比较幼稚，这是因为它的艺术的完美所致。

古希腊的纪念性建筑大致在公元前8世纪形成，公元前5世纪已日臻成熟，公元前4世纪进入一个形制和技术更广阔的

◀克里特岛米诺斯王朝的王官遗址，依然看得出旧日的雄浑

发展时期。由于宗教在古代社会具有重要的地位，因而古代国家的神庙往往是这一国家建筑艺术的最高成就的代表，古希腊亦不例外。古希腊是个泛神论国家，人们把每个城邦，每个自然现象都归结为一位神灵支配着，因此古希腊人祀奉各种神灵建造神庙。古希腊神庙不仅是宗教活动中心，也是城邦公民社会活动和商业活动的场所，还是储存公共财富的地方。这样神庙就成了古希腊崇拜的圣地，围绕圣地又建起竞技场、会堂旅舍等公共建筑。

古希腊最早的神庙建筑只是贵族居住的长方形有门廊的建筑。在他们看来神庙是神居住的地方，而神不过是更完美的人，所以神庙也不过是更高级的人的住宅。后来加入柱式，由早期的"端柱门廊式"逐步发展到"前廊式"，即神庙前面门廊是由四根圆柱组成，以后又发展到"前后廊式"，到公元前6世纪前后廊式又演变为古希腊神庙建筑的标准形式——"围柱式"，即长方形神庙四周均用柱廊环绕起来。

古希腊建筑固定格式称之为"柱式"，基本上是三种主要柱式：1. 多利亚柱式：朴素挺拔，无柱基，柱身粗壮，向上逐渐缩小，刻有凹槽，槽之间为棱角，在阳光下，柱身因此产生明朗的起伏转换及阴影效果，使建筑物与天空平面分开。柱头无装饰，是一圆盘形柱颈。2. 爱奥尼亚柱式：匀称轻巧，有柱基，柱身细长，上下变化不显著，凹槽较深，槽之间无棱角。柱头为涡卷形装饰，卷下饰以图案。3. 科林斯柱式：由爱奥尼亚式演变而来，所不同者柱头较高，呈花篮形，有更多的装饰。

▲奥林匹亚宙斯神殿男像柱，体现的就是多利亚柱式建筑风格

古希腊留给后世很多风格各异的建筑物，虽然人们只能从一些遗址和遗迹中窥探一二，但那也足以为之唏嘘感叹了。

女神雅典娜的城

雅典城得名于女神雅典娜，而卫城则是供奉雅典娜的地方，原为雅典奴隶主的城堡，公元前5世纪雅典奴隶制民主政治时期改建为宗教活动中心。它位于雅典城中心偏南的一座小山顶的台地上，是古希腊建筑艺术的代表作品。卫城的建筑与地形结合紧密，极具匠心。如果把卫城看作一个整体，那山岗本身就是它的天然基座，而建筑群的结构以

◀古希腊等城邦建筑和神庙一样，都代表了那个时代建筑艺术的最高成就

▶ 雅典娜城池的山门，公元前437年—前432年，其雄伟的建筑仍然是爱奥尼亚的柱式风格

及多个局部的安排都与这基座自然的高低起伏相协调，构成完整的统一体。它被认为是古希腊民族精神和审美理想的完美体现。卫城的古迹中，著名的有山门、帕特农神庙、厄瑞克提翁神庙和雅典娜胜利女神庙。

天神宙斯神殿

古代奥运会起源于宗教活动，而奥林匹亚是当时宗教祭祀的中心之一，有宙斯神庙、赫拉神庙等遗迹。其中以最古老的神殿——奥林匹亚宙斯神殿（Temple of the Oympian Zeus）最为壮观。神殿起建于公元前515年，但直到公元2世纪哈德良皇帝时才兴建完成。位于神殿区东面还存有最古老的奥运村体育场遗址。四周是土坡修成的看台，可容纳4万多名观众。而纳姆菲翁神坛更因为是现代奥运会火炬点燃的地方而举世闻名。

阿蒂库斯露天剧场

古希腊剧场起源很早，基本造型是利用山坡地势，观众席逐排升高，呈半圆形，并有放射形的通道。表演区是位于剧场中心的一块圆形平地，后面有化妆及存放道具用的建筑物。剧场不仅是娱乐场所，也是自由民集会的地方，因此规模巨大。这个巨大露天剧场是古希腊古典后期建筑艺术的最大成就之一。

德尔菲神庙

德尔菲是古代希腊中部城市，也是宗教活动中心之一。这里曾有古代希腊文化的保护神阿波罗的神庙，阿波罗负责掌管音乐、弓箭、医药、畜牧，有的神话称之为太

◀ 宙斯神殿遗址，约公元前340年，科林斯式的柱子上是爱奥尼亚的柱式

◀古希腊的剧场,约公元前5世纪晚期,这个剧场显示了古老的剧场发展阶段

阳神。阿波罗神庙始建于公元前6世纪,后因破坏重修。德尔菲以阿波罗神庙的神谕著称。神谕由神庙里的一个女祭司作声示意,由一个祭司加以解释。古希腊人有疑难问题,常来此地求得神的启示。神庙周围还有剧场、体育场等。每年在这里举行盛大的祭神仪式、体育竞赛、戏剧演出和音乐会等活动。

雅典得奖纪念碑

这是古希腊供陈列体育或歌唱比赛所获奖品的独立的纪念性建筑物,因此也称为"雅典得奖纪念碑"。从公元前4世纪起,这类纪念性建筑兴起,这是仅留存的一座。

它是公元前335—前334年间,雅典富商列雪格拉得,为了纪念由他扶植起来的合唱队在酒神节比赛中获得胜利而建的。亭子基部是29米见方,高477米基座;基座上立着高65米的实心圆形亭子;亭子四周有6根科林斯式倚柱。顶部是由一块完整大理石雕成的圆穹顶,安放奖品;檐壁有浮雕,刻着"酒神"狄奥尼索斯海上遇盗,把海盗变成海豚的故事。亭子的构图特色体现了一个法则,即基座和亭子各有完整的台和檐部,各部分形成对比。基座的简洁厚重与亭子的华丽轻巧形成的对比产生稳定与优美感。它是古希腊建筑中较早使用科林斯柱式的建筑物。

▼希弗诺斯宝库檐壁,这个门面成了爱奥尼亚建筑师效法的典范

雅典娜胜利神庙

雅典娜胜利神庙建于公元前449—前421年,采用爱奥尼亚柱式,台基长8.15米,宽5.38米,前后柱廊雕饰精美,是居住在雅典的多利安人与爱奥尼亚人共同创造的建筑艺术结晶。胜利女神是巨人帕拉斯与冥河斯提克斯的女儿,她作为智慧女神雅典娜和主神宙斯的象征,在艺术品中表现为他们用手牵领着的小人儿,她手持棕榈枝或花环,在比赛胜利者头上展翅翱翔。她不仅代表战争的胜利,也代表其他赛事的胜利。

恩格斯在评论古希腊建筑时说:"古希腊建筑如灿烂的、阳光普照的白昼。"古希腊的建筑艺术是世界上的伟大杰作,人们无不对他们创造的奇迹感到惊叹,他们也被后世认为是世界传统观念的象征。

▲科林斯式的柱头,形式美观大方

▲智慧女神雅典娜像,这是复制品,原件是木头和象牙制品,上面覆盖着黄金。左手执盾,右手抚剑,显示出雅典娜作为女神的英武神态

▶希弗诺斯宝库女像柱,这个作品就是爱奥尼亚柱式的,它体现的就是古希腊女性的美

古希腊建筑风格

古希腊位于欧洲西部爱琴海和地中海沿岸,是欧洲文化的摇篮,它的建筑也是西欧建筑的先驱。由于古希腊多山,盛产大理石,早在2000多年前古希腊人就利用石材建造房屋,产生了柱廊和三角形山墙的建筑形式,柱子多用垂直线条装饰,尤其是柱顶都有装饰花纹,形成独特的标志。沿口山墙多用水平线条装饰,上面加上雕塑形成三角形山花的建筑特色。古希腊建筑讲究严谨庄重,具有完整严密的逻辑关系,使艺术和功能统一协调,尤其是其柱式的造型对建筑艺术的影响最为深远,而且这三种柱式各有其不同的代表意义:多利亚柱式代表男性的美,粗壮刚挺而起的雄伟感;爱奥尼亚柱式代表女性的美,修长俊美,柱头有蜗旋纹饰,下有柱础使人产生亭亭玉立之感;科林斯柱式,柱头多用植物叶片花纹装饰,代表了丰收的喜悦。这三种柱式一直沿用至今,成为经典建筑装饰的样式。

第四章
高度发达的古希腊科学与文化

公元前 215 年，罗马将领马塞拉斯率大军乘战舰攻打古希腊名城叙拉古。古希腊数学家、物理学家阿基米德，利用凹面镜的聚光作用，把阳光集中到一点照射到罗马战船上，烧毁了不少罗马战船。这个传说是真是假？美国"发现"频道曾出钱赞助美国麻省理工学院等名校的学者来验证这个传说。科学家们用黄铜和玻璃制成了一面巨大的凹面镜，然后在约 45 米之外把强烈的光线聚焦到一艘老木船上。令科学家们失望的是，虽然这艘老木船被烤得冒烟，但始终没有燃起火苗。

虽然这个传说被证明可能是当时人们杜撰的，但是，从阿基米德的故事中，可以看出当时古希腊在物理学上的成就。其实，在那个时候，在天文、数学、生物学、医学等科学领域的各个方面都取得了非凡的成就，今天的很多科学研究还带有深深的古希腊痕迹。

▲阿基米德利用凹面镜的聚光作用，使入侵的罗马战船燃烧起来

古希腊的科学与文化
来自东方的影响

▲爱琴文明的发展,离不开和其他各洲的交流互通

古希腊的科学文化源远流长,其灿烂的成就对西方文明的发展产生了深远影响,成为近代欧洲科学文化起源的基础。然而,生机蓬勃的古希腊科学文化却不是奥林匹亚山上诸神创造出来赐予欧洲人的。那灿烂的古希腊科学文化究竟是怎么发展起来的呢?

美国现代科学史专家乔治·萨顿曾这样说过:"古希腊科学的基础完全是东方的,不论古希腊的天才多么深刻,没有这些基础,它并不一定能够创立任何与其成就相比的东西。我们没有权利无视古希腊天才的埃及父亲和美索不达米亚母亲。"因此,要想探索古希腊科学文化的渊源,就必须从西亚和北非的文明中去寻找答案。

古希腊与东方的渊源

从空间上看,古希腊文化的发育离不开爱琴海的哺育。爱琴海区域是指以爱琴海为中心的地区,包括古希腊半岛、爱琴海诸岛、克里特岛、小亚细亚半岛的西部海岸地带。它恰处于埃及和美索不达米亚这两个伟大文化的交汇处。这里海陆交错,山峦重叠,它东通阿拉伯半岛,南望埃及,西对亚平宁半岛,北通黑海,因而成为融通亚非欧不同文明的加工场。因此,在爱琴海区域中孕育出的古希腊科学文化正是在吸纳和借鉴了东方的先进文明,结合本民族特点基础上的伟大产物。

▲迈锡尼遗址出土的公元前1500年的金杯,做工精美,图案栩栩如生,令人爱不释手

从时间上看,古希腊科学文化的渊源可追溯到克里特文明与埃及文明的接触。古希腊文明从克里特—迈锡尼文明那里翻开了它的第一页。克里特岛和埃及的来往始于古埃及前王朝时期,约公元前 4000 年。在此后的 1000 年里,克里特岛凭借其地处埃及和古

▶矗立在尼罗河和帝王谷之间的巨石像，他代表了古埃及的文明发展，古希腊的发展正是融合了这些先进文明成果的结果

希腊半岛之间的有利地理位置，成为埃及和古希腊的贸易通道，使克里特文化吸取了许多古埃及文明的成分，“克里特岛的刻印、壁画、石器，更主要的是在它的文字中都可以感受到古埃及人对其的影响”。与此同时，克里特文明还与其东边的古巴比伦、特洛伊、塞浦路斯、北叙利亚文明有密切的来往。

从范围看，相当多的系统性科学知识远在古希腊科学文化产生之前就已经在西亚、北非等地区存在了，《伊利亚特》和《奥德赛》等名著不可能是古希腊文明的最初成果。像所有辉煌的开端一样，这不仅是一次进化的序幕，而且是另一次进化的终结和顶点。即无论是古希腊人的数学、天文学或医学都是在从北非的埃及和西亚的美索不达米亚借用了大量观察和原始理论基础上发展起来的。先进的东方文明为古希腊科学文化提供了可资借鉴的有利条件，才使起步较晚的古希腊科学文化迅速产生与发展起来。

▲古希腊著名历史学家修昔底德，他写成了著名的《伯罗奔尼撒战争史》一书

古希腊科学文化是古埃及、巴比伦、古印度以及其他东方文明与古希腊文明相交汇、融合的产物。它不仅首次沟通了世界五大文明发源地，还揭开了欧亚非大陆的人类文明大交流、大汇合的序幕。在这一过程中，古希腊科学文化又将学来的文明重新整合，产生了具有独特风格的文明复合体，进而奠定了欧洲文明的根基。

科学和文化的融合

古希腊科学文化的产生与发展经历了古风时期、古典时期和古希腊化时期三个阶段，无论是古风时期的古希腊文字与艺术，古典时期的古希腊哲学，还是古希腊化时期高度发展的自然科学，无一不深受东方文化的影响，这可以从古希腊科学文化的具体形式上找到其渊源所在。

文字的发明

文字是人类文明的一个重要标志，腓尼基人对古代世界文明的一个重要贡献，是他们所创造的文字字母。在古埃及象形文字逐渐简化成 24 个单辅音符号的基础上，腓尼基人创造了自己的文字字母，共 22 个，为线性符号，只有辅音而无元音。古希腊人在此基础上加上了元音，便形成古希腊字母，为古希腊文明的发展和交流提供了必要的工具。

艺术的融合

古风时代的古希腊，已不用早期建筑材料——木头和泥石，而学习埃及人采用大理石作为建筑的主要材料。公元前7世纪中期，古希腊人开始采用大理石雕刻巨大的人像，他们制作这种直立人像的灵感直接来自古埃及，同时还从古埃及人那里学到了雕刻技术。对比一下古埃及与古希腊雕刻作品，便知道用石头雕出同真人一般大小的雕像并非易事，不用科学的比例系统将无法雕刻。因此，古希腊人不仅采用了古埃及的雕刻艺术，还在很大程度上采用了古埃及的比例系统。

同时，随着古风时代古希腊人的航海贸易，古希腊人不断带回西亚的金属制品、珠宝、象牙等。对古希腊工匠的制作风格影响最深的是彩陶制作工艺，从东方传来的动物图案也出现在古希腊的彩陶上，用古希腊未曾有过的狮子作装饰就是最好的证据。此外，象牙雕刻则完全是西亚的工艺。

宗教的开放

在宗教方面，古希腊是开放的多神教宗教体系，在古希腊人所崇拜的神中，只有少数属印欧语系。古希腊众神中的阿波罗和阿芙罗狄忒可能都是舶来品，最早起源于西亚和小亚细亚，只不过它们传到古希腊的时间要大大早于古风时代。一位人类学家说"在东西方宗教的联系中，对阿多尼斯神的崇拜又从西亚传入了古希腊，腓尼基神话中的浦昂神（锤子神）也被古希腊人接受，改称'皮格梅'，即'拳头大的神'"。可以说，虽然在古希腊科学文化的发展过程中逐步建立起了较为成熟的独特宗教体系，但其中也折射出一部分西亚宗教的影子。

文学的影响

古希腊文学也受到美索不达米亚的诸多影响，如美索不达米亚的洪水故事和古希腊神话中的笛卡利翁的传说相似。上帝为惩罚人类而施的瘟疫是古希腊和美索不达米亚文

▲雕刻在一定程度上继承了古埃及的先进技术，并且进行了改进，形成了自己独特的艺术风格

▲古希腊的大写字母，这些字母的发展有利于古希腊文化的发展和传播

学中相似的题材。古希腊史诗的形式在美索不达米亚的史诗中也可以找到原型。《伊索寓言》中的故事在苏美尔也有原型。同时，在赫西奥德的《神谱》中首次创造了神权更替的神话，其结构和细节都同西亚的一些神权更替的故事相近，而所有的这些都不是纯粹的巧合。

哲学的根源

一位人类学家说："古希腊哲学的根源在埃及，那种认为哲学起源于古希腊的流行说法是明显有误的。早在古希腊人之前，埃及人就对宇宙本质，人类社会伦理问题提出了他们的哲学思考。"古希腊人在美索不达米亚找到了适合自己的科学知识，带回了天文学和发达的数学原理，古希腊人的思想和眼界也因此而大大拓宽。在此基础上，加之他们对自然现象的浓厚兴趣，便产生了古希腊哲学，并在公元前6世纪前后取得突破，有了朴素的唯物主义和辩证法的萌芽。

▲古希腊女诗人萨福像

自然科学的交流

严密的自然科学始于古希腊化时代。这一时期是古希腊自然科学发展到顶峰的时期，也是东西方科学文化交流、融合的时期。在真正意义上的文化汇合尚未开始之时，亚历山大对亚非广大地区的征服以及地跨欧亚非大帝国的建立已为东西方文明交流奠定了基础。亚历山大远征的过程也就是系统吸收东方文明的过程。他死后，在帝国的废墟上建立起了托勒密、塞琉古、马其顿三大古希腊化王国，相对稳定的局势促使各国加强文化交流，在客观上进一步扩大了东西方文明的融合。

因此，古希腊的自然科学也就深深地打上了东方文化的烙印，古希腊科学文明的各种形式都以东方文明精华为渊源，而并非其首创。

商贸活动

随着古希腊历史进入古风时代，古希腊人同古老的东方文明之间的交往也逐渐加深。早在公元前9世纪，优卑亚和爱琴海上的古希腊商人同冒险家就已经航海到西亚的西部沿海。他们在叙利亚北部的奥隆提斯河口建立起一个贸易点，开始同两河流域进行直接的商贸活动，不久，这里成为东西方贸易的一个重要中转站。与此同时，由于这时西亚社会动荡，不仅许多物产出口到古希腊，也有相当数量的工匠为寻找生路，到克里特岛建立自己的手工作坊，从事珠宝饰品的加工和青铜器制作。

▲马背上作战的亚历山大大帝

古希腊人还在埃及尼罗河的支流卡络色斯河岸建立了诺克拉底斯城。埃及法老萨美提克一世为争霸的需要，建立了强大的陆军和海上舰队，其士兵大多是古希腊雇佣兵。他还邀请了许多古希腊商人在埃及定居，诺克拉底斯城就是这一时期建造的，法老拉美西斯还答应古希腊人把这里建成一个纯粹的古希腊城，按自己的意愿经营市场。此后，诺克拉底斯就成了埃及和古希腊以及其他地中海国家的商业中心。

▲贸易互通的加强，促进了经济的繁荣

此外，雅典的皮里优斯港也是当时著名的国际商港。在频繁的陆路和海上贸易中，古希腊人不仅带回了必需的消费品，还带回了精神产品，即东方的科学与文化。

殖民运动

对早期古希腊科学文化有影响的还有殖民运动。早在迈锡尼文化时期就曾在爱琴海区域建立起了许多殖民地。随后，崛起于地中海东岸的腓尼基人在北非、西班牙、意大利等地建立殖民地。迈锡尼和腓尼基都是以西亚、北非繁荣的文化为基础，以商业、殖民活动为手段传播文明，创造出了自己的独特文化，对以雅典为代表的古希腊科学文化的兴起产生了巨大影响。

▲头戴用野猪的獠牙制成头盔的古希腊战士

后来，由于古希腊本土人口日渐饱和，耕地不足，出现经济、政治混乱，有航海传统的古希腊人能迅速熟悉气候、土壤与希腊相似、人口稀少的殖民地区，他们沿爱琴海岸建立殖民地，甚至远达意大利和西西里，并在埃及地中海沿岸和东方的巴比伦建立起贸易中心。最终，古希腊的扩张和获取殖民地，使它在这一过程中更多地吸收和融合了东方文明。

战争

古代东西方之间曾发生过多次大规模战争，影响深远的有公元前5世纪的古希腊与波斯的战争、公元前4世纪的亚历山大东征。在希波战争中，波斯向西传播了东方文明，使东方文明影响到多瑙河流域和古希腊半岛。

▲青铜瓮的边缘雕刻着重装步兵和马拉的战车，显示了当时科技的先进

波斯、巴比伦、埃及和印度的古代文明沿着著名的波斯大道不断传向西方，直达古希腊的各个城邦。亚历山大东征时，因其老师亚里士多德对印度哲学极感兴趣，便把一些印度人带回古希腊，使古希腊人更多地了解到印度哲学。此外，亚历山大还在各地搜集科学标本，送回古希腊研究，其军队曾用过印度医生。而印度僧人也曾去过雅典传教布道。亚历山大死后，东方文明向西的传播有增无减，范围也更广阔，埃及的亚历山大城就是

当时东方文明向西方输出的最大港口。同时，战争又需要越来越复杂的攻守器械，这便增添了对新科学和新技术的需求，促进了文化的流动。这些无疑都说明战争也促进文化相互交流。

旅行

西亚、北非的东方文明对欧洲人极具吸引力，促使他们到东方猎奇、探险和学习。古希腊哲学家、科学家们每到一处都迫不及待地寻求与当地同行接触。古希腊的历史之父希罗多德曾游遍波斯、埃及、腓尼基、小亚细亚等地，在他的力作《历史》中，描写了他在东方旅行时的见闻，把东方古国的风俗习惯、文化成果、科学技术等详细介绍到古希腊，对东方文明在古希腊的传播起到了积极作用。

▲出土的陶瓶中描述的古希腊战争的场面

宗教传播

宗教是传播文明的特殊载体。犹太人在自己漫长的历史中创立了犹太教，其经典有《摩西五经》与《旧约》。公元前后，基督教在东方犹太教的基础上兴起，并首先进入欧洲古希腊语地区。随着基督教的西进，希伯来人的《旧约》被译成古希腊文。《旧约》连同东方的宗教思想一起传入西方，使希伯来的文化得以在欧洲传播，成为欧洲文化的又一源头。

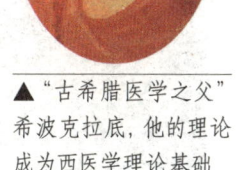
▲"古希腊医学之父"希波克拉底，他的理论成为西医学理论基础

古希腊科学文化固然是古希腊人的杰作，然而它也是以西亚、北非等东方科学文化基础上的产物。离开了西亚、北非的古老文明与东地中海，特别是爱琴海区域特有的人文、地理环境，古希腊科学文化的起源便无法得到完整的解释，这不仅说明古希腊科学文化的产生有其高度发展的时空、形式、途径渊源，也有力地说明了"文明来自东方"这一科学假说。

▲希罗多德像，在西方有"历史之父"之称

传承埃及的古希腊医学

自古希腊人将古埃及的许多药物和治疗方法引入欧洲后，至今还被欧洲一些闭塞的山区和农村地区的村民采用。公元前3世纪初，在埃及亚历山大城做研究的古希腊解剖学家希罗菲卢斯证明，脑是思维器官，人的一切感觉都是通过脑神经传递的。此外，他还提出血液循环理论，认为脉搏的轻重缓急可以说明一个人的健康程度。毫无疑问，他的医学成就实际上是建立在古埃及人的医学之上的。古希腊的阿斯克勒庇俄斯神庙中所举行的孵育仪式也可能源于埃及人的模式。埃及著名神庙中都收藏有大量临床观察的病例资料，这些资料不仅丰富了古希腊医学之父希波克拉底的医案，也说明了古希腊医学继承并延续了埃及人的医学成果。

"地心说"：统治世界13个世纪

▲创立著名的"地心说"理论的托勒密，人们把这个理论通称托勒密体系

生活在地中海沿岸的古希腊人以善于观察星象而闻名。在古希腊的文献记载中，古希腊人曾经对星象进行过仔细的观察，他们仰望太空，经过长时间的仔细观测后终于发现，天上的星星很明显地分为两组，这两组星星之间的分界线是由大熊星座所划出的一个圆。这个圆正好与赤道平行，而在北纬66.32°处，他们便把这个圆称作"北极圈"。

古希腊人的成就遍布各个领域，除了星象研究，在天文科学的其他方面也取得了非凡的成就，推出了当时最为出名的"地心说"，它在当时的影响不亚于原子弹的爆炸，而这要归功于当时著名的古希腊天文学家托勒密。

托勒密（Claudius Ptolemaeus）是古希腊的天文、地理、地图和数学家，是"地心说"的集大成者。公元127年，年轻的托勒密被送到亚历山大去求学。在那里，他阅读了不少的书籍，并且学会了天文测量和大地测量。他曾长期住在亚历山大城，直到公元151年。有关他的生平，史书上少有记载。

古希腊天文学圣经——"地心说"

托勒密于公元2世纪，提出了自己的宇宙结构学说，即"地心说"。主张地球处于宇宙中心，且静止不动，日、月、行星和恒星均环绕地球运行。他面对的基本问题是：在假设宇宙是以地球为中心，且所有天体以均匀的速度按完全圆形的轨道绕转的前提下，试图解释天体的运动。因为实际天体以变速度按椭圆轨道绕地球以外的中心运动，为了维护原来的基本假设，就要考虑某些非常复杂的几何形状。托勒密使用了3种复杂的原始设想：本轮、偏心圆和均轮。他能对火星、金星和水星等等的轨道分别给出合理的描述，但是如果把它们放在一个模型中，那么它们的尺度和周期将发生冲突。

托勒密提出的这个不反映宇宙实际结构的数学图景理论，却较为完满地解释了当时观测到的行星运动情况，并取得了航海上的实用价值，从而被人们广为信奉。托勒密本人声称他的体系并不具有物理的真实性，而只是一个计算天体位置的数学方案。然而，无论这个体系存在着怎样的缺点，它还是流行了1300年之久，直到15世纪才被哥白尼推翻，至于教会利用和维护"地心说"，那也是托勒密死后1000多年的事情了。

地理学上的非凡造诣

除了在天文学方面的造诣，托勒密在地理学上也做出了出色的成就。他认为，地理学的研究对象应为整个地球，主要研究其形状、大小、经纬度的测定以及地图投影的方法等。他制造了测量经纬度用的类似浑天仪的仪器（星盘）和后来驰名欧洲的角距测量仪。托勒密有地理学著作8卷，其中6卷都是用经纬度标明的地点位置表。通过系统的天文观测，编出了1000多颗恒星的位置表。他的多数地点位置好像都是根据他的本初子午线和用弧度来表现的平纬圈之间的距离来计算的，因为他的经度没有一个是从天文学上测定的，只有少数纬度是这样测定的。托勒密采用了波昔东尼斯测定的地球周长的较小数值，这就使得他所有用弧度表现的陆向距离都夸大了，因为他把每一弧度的距离定为500古希腊里，而不是600古希腊里。这样一来，从欧洲到亚洲横贯大西洋的洋面距离，看上去就比埃拉托色尼的计算值小得多，这项结果最后还导致了哥伦布想从西面驶往亚洲的企图。

▲创造了人类航海历史的著名航海家哥伦布

托勒密著有4部重要著作：《天文学大成》（Almagest）、《地理学》（Geography）、《天文集》（Tetrabiblos）和《光学》（Optics）。《天文学大成》这本书是古希腊500年的天文学和宇宙学思想的顶峰——统治了天文界长达13个世纪。

▲最早提出"太阳中心说"的古希腊天文学家阿利斯塔克

这样一本知识上参差交错且复杂的著作，不是单独一个人所能完成的。托勒密依靠了他的先驱者，特别是希帕库斯，这一点是要说明的。

托勒密是一位伟大的天文学家，他创造的很多发明都为当世以及后人们所应用，他提出的理论也深深地影响着当世及后世。虽然也有错误，但是在当时来说，他取得的成就和在当时的影响完全可以被人们尊称为"天文圣人"。

关于天体运动的争论

在公元前4—前3世纪，对于天体的运动，古希腊人有两种不同的看法：一种以欧多克斯为代表，他从几何的角度解释天体的运动，把天上复杂的周期现象，分解为若干个简单的周期运动，他又给每一种简单的周期运动指定一个圆周轨道，或者是一个球形的壳层，他认为天体都在以地球为中心的圆周上做匀速圆周运动，并且用27个球层来解释天体的运动。到了亚里士多德时，又将球层增加到56个；另一种以阿利斯塔克为代表，他认为地球每天在自己的轴上自转，每年沿圆周轨道绕日一周，太阳和恒星都是不动的，而行星则以太阳为中心沿圆周运动。但阿利斯塔克的见解当时没有人表示理解或接受，因为这与人们肉眼看到的表观景象不同。

数学与逻辑思维

在古希腊的很多遗址中，科学家都发现了一些类似于数字符号的东西，开始以为是文字的符号，经过他们仔细研究，发现这可能就是早期的古希腊所留下的数学遗迹。难道在那个时候古希腊人的数学已经有很高的成就了吗？

根据后世的一些文献记载，古希腊当时的数学已经取得了很高的成就。可以分为三个时期。第一个时期从伊奥尼亚学派到柏拉图学派为止，约为公元前7世纪中叶到公元前3世纪；第二个时期是亚历山大前期，从欧几里得起到公元前146年古希腊陷于罗马为止；第三个时期是亚历山大后期，是罗马人统治下的时期，结束于公元641年亚历山大被阿拉伯人占领。

从古代埃及、巴比伦的衰亡，到古希腊文化的昌盛，这段过渡时期留下来的数学史料很少。不过古希腊数学的兴起和古希腊商人通过旅行交往接触到古代东方的文化有密切关系。

伊奥尼亚学派

米利都是伊奥尼亚的最大城市，也是泰勒斯的故乡，泰勒斯是公认的古希腊哲学鼻祖。他早年是一个商人，曾游访巴比伦、埃及等地，很快就学会古代流传下来的一些知识，并加以发扬光大。以后创立了伊奥尼亚哲学学派，摆脱宗教，从自然现象中去寻找真理，以水为万物的根源。

当时天文、数学和哲学是不可分的，泰勒斯同时也研究天文和数学。他曾预测一次日食，促使米太（在今黑海、里海之南）、吕底亚（今土耳其西部）两国停止战争，认为该次日食发生在公元前585年5月28日。他在埃及时曾利用日影及比例关系算出金字塔的高，使法老大为惊讶。泰勒斯在数学方面的贡献是开始了命题的证明，

◀亚历山大城的欧几里得是"古希腊化时代"最有权威的几何学者

它标志着人们对客观事物的认识从感性上升到理性，这在数学史上是一个不寻常的飞跃。伊奥尼亚学派的著名学者还有阿纳克西曼德和阿纳克西米尼等，他们对后来的毕达哥拉斯有很大的影响。

毕达哥拉斯学派

公元前580年左右毕达哥拉斯生于萨摩斯，为了摆脱暴政，移居意大利半岛南部的克罗顿，在那里组织一个政治、宗教、哲学、数学合一的秘密团体。后来在政治斗争中遭到迫害，毕达哥拉斯被杀害。但他的学派还继续存在了2个世纪之久。毕达哥拉斯学派企图用数来解释一切，不仅仅认为万物都包含数，而且说万物都是数。他们以发现勾股定理（西方叫做毕达哥拉斯定理）闻名于世，又由此促成不可通约量的发现。

▲毕达哥拉斯为几何学的发展作出了突出的贡献

这个学派还有一个特点，就是将算术和几何紧密联系起来。他们找到用三个正整数表示直角三角形三边长的一种公式，又注意到从1起连续的奇数和必为平方数等，这既是算术问题，又和几何有关，他们还发现五种正多面体。

伊奥尼亚学派和毕达哥拉斯学派有显著的不同。前者研习数学并不单纯为了哲学的兴趣，同时也为了实用。而后者却不注重实际应用，将数学和宗教联系起来，想通过数学去探索永恒的真理。

雅典学派

公元前5世纪，雅典成为人文荟萃的中心，人们崇尚公开的精神。在公开的讨论或辩论中，必须具有雄辩、修辞、哲学及数学等知识，于是"智人学派"应运而生。他们以教授文法、逻辑、数学、天文、修辞、雄辩等科目为业。

在数学上，他们提出"三大问题"：一是三等分任意角；二是倍立方，求作一立

◀ 毕达哥拉斯和他的弟子们在一起进行研究

方体，使其体积是已知立方体的2倍；三是化圆为方，求作一正方形，使其面积等于一已知圆。

古希腊人的兴趣并不在于图形的实际意义，而是在尺规的限制下从理论上去解决这些问题，这是几何学从实际应用向系统理论过渡所迈出的重要的一步。

这个学派的安提丰提出用"穷竭法"去解决化圆为方问题，这是近代极限理论的雏形。先作圆内接正方形，以后每次边数加倍，得8、16、32……安提丰深信"最后"的多边形与圆的"差"必会"穷竭"。这提供了求圆面积的近似方法，和中国的刘徽的割圆术思想不谋而合。

公元前3世纪，柏拉图在雅典建立学派，创办学园。他非常重视数学，但片面强调数学在训练智力方面的作用，而忽视其实用价值。他主张通过几何的学习培养逻辑思维能力，因为几何能给人以强烈的直观印象，将抽象的逻辑规律体现在具体的图形之中。

这个学派培养出不少数学家，如欧多克索斯就曾就学于柏拉图，他创立了比例论，是欧几里得的前驱。柏拉图的学生亚里士多德也是古希腊的大哲学家，是形式逻辑的奠基者。他的逻辑思想为日后将几何学整理在严密的逻辑体系之中开辟了道路。

埃利亚学派

这个时期的古希腊数学中心还有以芝诺为代

▶ 数学家欧几里得正在和学生们一起研究数学问题

表的埃利亚学派,他提出四个悖论,给学术界以极大的震动。这四个悖论是:一是二分说,一物从甲地到乙地,永远不能到达。因为想从甲到乙,首先要通过道路的一半,但要通过这一半,必须先通过一半的一半,这样分下去,永无止境。结论是此物的运动被道路的无限分割阻碍着,根本不能前进一步;二是阿喀琉斯(善跑英雄)追龟说,阿喀琉斯追乌龟,永远追不上。因为当他追到乌龟的出发点时,龟已向前爬行了一段,他再追完这一段,龟又向前爬了一小段。这样永远重复下去,总也追不上;三是飞箭静止说,每一瞬间箭总在一个确定的位置上,因此它是不动的;四是运动场问题,芝诺论证了时间和它的一半相等。

▲古希腊时代另一位大数学家阿波罗尼乌斯,著有8卷本的《圆锥曲线论》

进入初等数学时期

公元前4世纪以后的古希腊数学,逐渐脱离哲学和天文学,成为独立的学科。数学的历史于是进入一个新阶段——初等数学时期。

这个时期的特点是,数学(主要是几何学)已建立起自己的理论体系,从以实验和观察为依据的经验科学过渡到演绎的科学。由少数几个原始命题(公理)出发,通过逻辑推理得到一系列的定理。这是古希腊数学的基本精神。

在这一时期里,初等几何、算术、初等代数大体已成为独立的科目。和17世纪出现的解析几何学、微积分学相比,这一个时期的研究内容可以用"初等数学"来概括,因此叫做初等数学时期。埃及的亚历山大城,是东西海陆交通的枢纽,又经过托勒密王

▼亚历山大帝国分裂后出现的古希腊化世界图

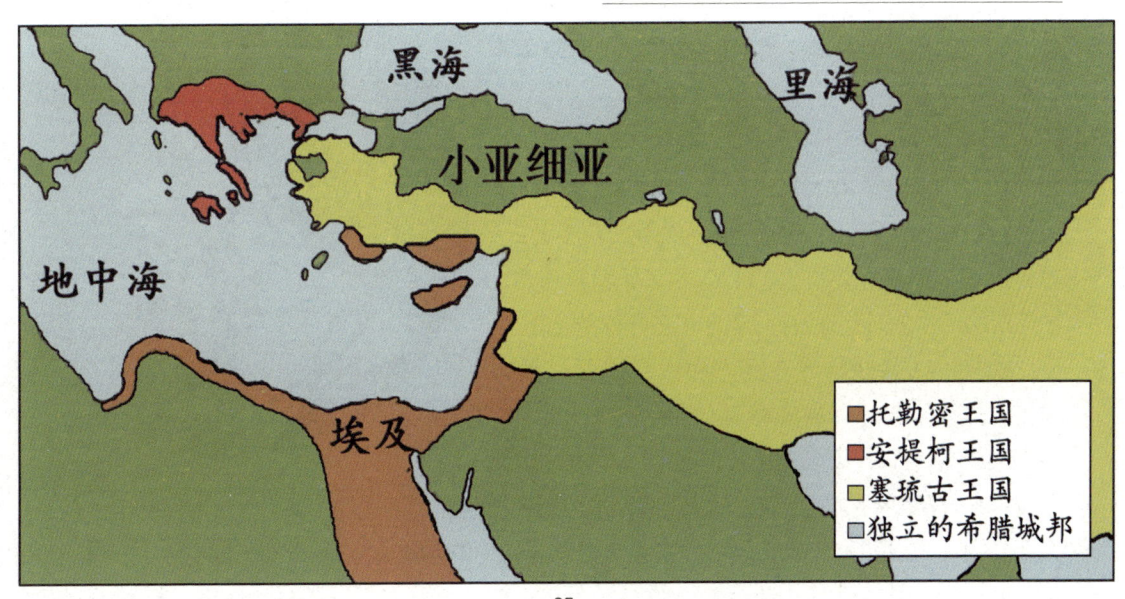

▲欧几里得的著名数学著作《几何原本》

的精心经营，逐渐成为新的古希腊文化中心，古希腊本土这时已经退居次要地位。几何学最初萌芽于埃及，以后移植于伊奥尼亚，其次繁盛于意大利和雅典，最后又回到发源地。经过这一番培植，已达到丰茂成林的境地。

罗马人侵后的数学发展

从公元前4世纪到公元前146年古希腊灭亡，罗马人成为地中海区域的统治者，古希腊数学以亚历山大为中心，达到它的全盛时期。这里有巨大的图书馆和浓厚的学术气息，各地学者云集在此进行教学和研究。其中，成就最大的是亚历山大前期三大数学家欧几里得、阿基米德和阿波罗尼乌斯。

欧几里得的《几何原本》是一部划时代的著作。其伟大的历史意义在于它是用公理法建立起演绎体系的最早典范。过去所积累下来的数学知识，是零碎的、片段的，可以比作砖瓦木石；只有借助于逻辑方法，把这些知识组织起来，加以分类、比较，揭示彼此间的内在联系，整理在一个严密的系统之中，才能建成宏伟的大厦。《几何原本》体现了这种精神，它对整个数学的发展产生深远的影响。

阿基米德是物理学家兼数学家，他善于将抽象的理论和工程技术的具体应用结合起来，又在实践中洞察事物的本质，通过严格的论证，使经验升为理论。他根据力学原理去探求解决面积和体积问题，包含了积分学的初步思想。阿波罗尼乌斯的主要贡献是对圆锥曲线的深入研究。

除了三大数学家以外，埃拉托斯特尼的大地测量和以他为名的"素数筛子"也很出名。天文学家希帕库斯制作"弦表"，是三角学的先导。

公元前146年以后，在罗马统治下的亚历山大学者仍能继承前人的工作，不断有所发明。海伦（约公元62年）、门纳劳斯（约公元100年）、帕普斯等人都有重要贡献。天文学家托勒密将希帕库斯的工作加以整理发挥，奠定了三角学的基础。

晚期的古希腊学者在算术和代数方面也颇有建树，代表人物有尼科马霍斯（约公元100年）和丢番图（约公元250年）。前者是杰拉什（今约旦北部）地方的人，著有《算术入门》。后者的《算术》是讲数的理论，大部分内容可以归入代数的范围。它完全脱离了几何的形式，

▲著名数学家埃拉托斯特尼，曾任亚历山大图书馆的馆长

在古希腊数学中独树一帜,对后世影响之大,仅次于《几何原本》。

公元325年,罗马帝国的君士坦丁大帝开始利用宗教作为统治的工具,把一切学术都置于基督教神学的控制之下。

公元529年,东罗马帝国皇帝查士·丁尼下令关闭雅典的柏拉图学园以及其他学校,严禁传授数学。许多古希腊学者逃到叙利亚和波斯等地,古希腊数学研究受到沉重打击。641年,亚历山大被阿拉伯人占领,图书馆再次被毁,古希腊数学至此告一段落。

从数学文化史的意义上看,发端于古希腊的西方数学不仅仅是一个数学意义的运演操作系统,更主要的是它作为一种文化系统中起主导作用的理性解释系统,或者称之为一种理性构造的规范模式。用数学解释一切是西方数学与其适应的文化获取的观念。

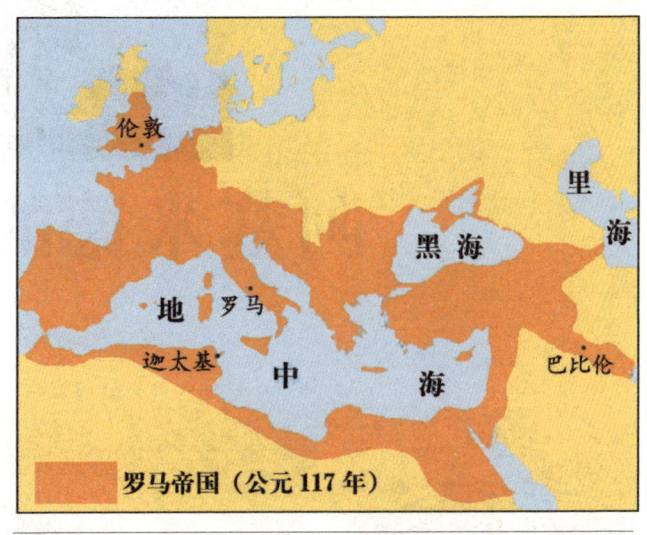

▲罗马帝国的统治图,这个时期古希腊的学者仍在继续着研究

▶基督教的经典之作《圣经》,基督教在罗马帝国占领古希腊后,把一切学术都控制在其下

百牛定理

毕达哥拉斯有次应邀参加一位富有政要的餐会,这位主人豪华宫殿般的餐厅铺着美丽的正方形大理石地砖,由于大餐迟迟不上桌,这些饥肠辘辘的贵宾颇有怨言;但这位善于观察和理解的数学家却凝视脚下这些排列规则、美丽的方形瓷砖,毕达哥拉斯不是欣赏瓷砖的美丽,而是想到它们和数之间的关系,于是拿了画笔并且蹲在地板上,选了一块瓷砖以它的对角线AB为边画一个正方形,他发现这个正方形面积恰好等于两块瓷砖的面积和。他很好奇,于是再以两块瓷砖拼成的矩形之对角线作另一个正方形,他发现这个正方形之面积等于5块瓷砖的面积,也就是以两股为边作正方形面积之和。至此毕达哥拉斯做了大胆的假设:任何直角三角形,其斜边的平方恰好等于另两边平方之和。那一顿饭,这位古希腊数学大师,视线都一直没有离开地面。就这样毕达哥拉斯发现了勾股定律。他发现勾股定律后高兴异常,命令他的学生宰了100头牛来庆祝这个伟大的发现,因此勾股定律又叫做"百牛定理"。

阿基米德的传奇

▲这就是后人创作的阿基米德撬起地球的断言,这种断言符合杠杆原理

古希腊的物理学家阿基米德曾说过:"假如给我一个支点,我就能撬动地球。"他的一生是传奇的一生,不仅给当时的科技发展做出了突出贡献,而且为后人留下了很多宝贵的财富。

有这么一个故事:赫农王为埃及国王制造了一条船,体积大,相当重,因为不能挪动,搁浅在海岸上很多天。阿基米德设计了一套复杂的杠杆滑轮系统安装在船上,将绳索的一端交到赫农王手上。赫农王轻轻拉动绳索,奇迹出现了,大船缓缓地挪动起来,最终下到海里。国王惊讶之余,十分佩服阿基米德,并派人贴出告示"今后,无论阿基米德说什么,都要相信他"。

阿基米德不仅是个理论家,也是个实践家,他一生热衷于将其科学发现应用于实践,从而把二者结合起来。在埃及,约公元前1500年前,就有人用杠杆来抬起重物,不过人们不知道它的道理。阿基米德潜心研究了这个现象并发现了杠杆原理。这就是他超乎常人的地方。也许,除了伟大的牛顿和伟大的爱因斯坦,再没有一个人像古希腊的阿基米德那样为人类的进步做出过这样大的贡献。他是"理论天才与实验天才合于一人的理想化身"。

公元前287年,阿基米德诞生于西西里岛的叙拉古(今意大利锡拉库萨)。他出身于贵族之家,与叙拉古的赫农王有亲戚关系,家庭十分富有。阿基米德的父亲是天文学家兼数学家,学识渊博,为人谦逊。阿基米德11岁时,借助与王室的关系,被送到古希腊文化中心亚历山大城去学习。

亚历山大城位于尼罗河口,这里有雄伟的博物馆、图书馆,而且人才荟萃,被世人誉为"智慧之都"。阿基米德在这里学习和生活了许多年,曾跟很多学者密切交往。他在学习期间对数学、力学和天文学有浓厚的兴趣。在他学习天文学时,发明了用水力推动的星球仪,并用它模拟太阳、行星和月亮的运行及表演日食和月食现象。为解决用尼罗河水灌溉土地的难题,他发明了圆筒状的螺旋扬水器,后人称它为"阿基米德螺旋"。

公元前240年,阿基米德回叙拉古,当了赫农王的顾问,帮助国王解决生产实践、军事技术和日常生活中的各种科学技术问题。

阿基米德在力学方面的成绩最为突出,他系统并严格地证明了杠杆定律,为静力学奠定了基础。在总结前人经验的基础上,阿基米德系统地研究了物体

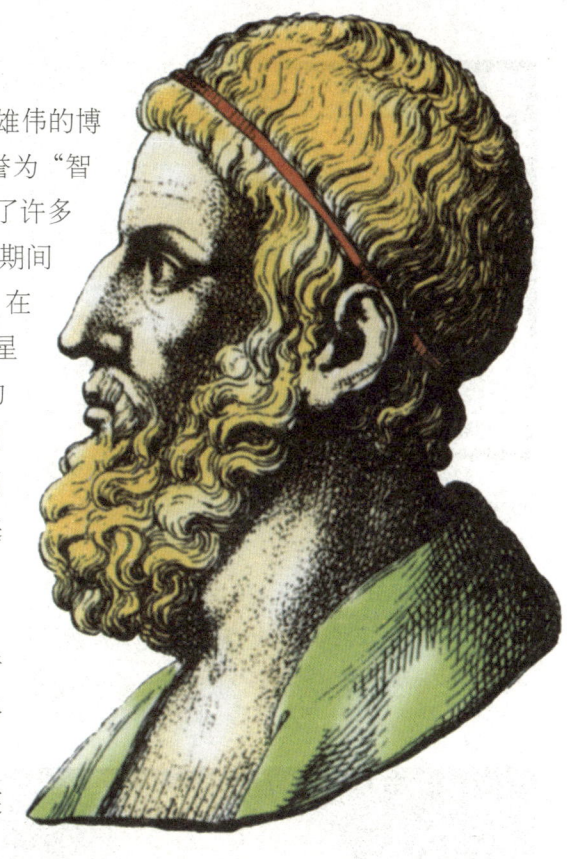

▲伟大的科学家阿基米德,他在数学、物理学、天文学和工程等诸多方面均作出了巨大的贡献

的重心和杠杆原理,提出了精确地确定物体重心的方法,只要在物体的中心处支起来,就能使物体保持平衡。他在研究机械的过程中,发现了杠杆定律,并利用这一原理设计制造了许多机械。他在研究浮体的过程中发现了浮力定律,也就是有名的阿基米德定律。

阿基米德确定了抛物线弓形、螺线、圆形的面积以及椭球体、抛物面体等各种复杂几何体的表面积和体积的计算方法。在推演这些公式的过程中,他创立了"穷竭法",即

◀古希腊壁画,阿基米德为农民制造的水利工具

◀纪念阿基米德的邮票,上面描述了阿基米德进行数学演算的情形

今天所说的逐步近似求极限的方法,因而被公认为微积分计算的鼻祖。他用圆内接多边形与外切多边形边数增多、面积逐渐接近的方法,比较精确地求出了圆周率。面对古希腊繁冗的数字表示方式,阿基米德还首创了记大数的方法,突破了当时用古希腊字母计数不能超过1万的局限,并用它解决了许多数学难题。

阿基米德在天文学方面也有出色的成就。除了前面提到的星球仪,他还认为地球是圆球状的,并围绕着太阳旋转,这一观点比哥白尼的"日心地动说"要早1800年。限于当时的条件,他并没有就这个问题做深入系统的研究。但早在公元前3世纪他就提出这样的见解,是很了不起的。

阿基米德的著作很多,作为数学家,他写出了《论球和圆柱》《圆的度量》《抛物线求积》《论螺线》《论锥体和球体》《沙的计算》等数学著作。作为力学家,他著有《论图形的平衡》《论浮体》《论杠杆原理》等力学著作。

阿基米德和雅典时期的其他科学家有着明显的不同,他既重视科学的严密性、准确性,要求对每一个问题都进行精确的、合乎逻辑的证明,又非常重视科学知识的实际应用。他非常重视试验,亲自动手制作各种仪器和机械。他一生设计、制造了许多机器,除了杠杆系统外,值得一提的还有举重滑轮、灌地机、扬水机以及军事上用的投石机等。被称作"阿基米德螺旋"的扬水器至今仍在埃及等地使用。

阿基米德还是一个爱国者,在他晚年时,罗马

◀后世为阿基米德画的画像,散发着学者的风范

▲巨大的机械手抓住罗马的战船,阿基米德的发明帮助了古希腊军队的作战

军队入侵叙拉古,阿基米德指导同胞们制造了很多攻击和防御的作战武器。当侵略军首领马塞勒塞率众攻城时,他设计的投石机把敌人打得哭爹喊娘。他制造的铁爪式起重机,能将敌船提起并倒转……

另一个难以置信的传说是,他曾率领叙拉古人民手持凹面镜,将阳光聚焦在罗马军队的木制战舰上,使它们焚烧起来。罗马士兵在这频频的打击中已经心惊胆战,草木皆兵,一见到有绳索或木头从城里扔出,他们就惊呼"阿基米德来了",随之抱头鼠窜。

作为一个伟大的科学家,他在各个学科留下来的很多宝贵科学理论,为后世的科学发展奠定了基础,他是那个时代伟大的科学家,他的成就令人由衷地赞叹。

▼善于思考的阿基米德十分注重生活中的微小发现,此幅画为后人所作

澡盆里的发现

关于阿基米德，流传着这样一段有趣的故事。相传叙拉古赫农王让工匠替他做了一顶纯金的王冠，做好后，国王疑心工匠在金冠中掺了假，但这顶金冠确与当初交给金匠的纯金一样重，到底工匠有没有捣鬼呢？既想检验真假，又不能破坏王冠，这个问题不仅难倒了国王，也使诸大臣们面面相觑。

后来，国王请阿基米德来检验。最初，阿基米德也是冥思苦想而不得要领。一天，他去澡堂洗澡，当他坐进澡盆里时，看到水往外溢，同时感到身体被轻轻托起。他突然悟到可以用测定固体在水中排水量的办法，来确定金冠的比重。他兴奋地跳出澡盆，连衣服都顾不得穿就跑了出去，大声喊着"尤里卡！尤里卡！"（尤里卡，Fureka，意思是"我知道了"）。

他经过了进一步的实验以后来到王宫，他把王冠和同等重量的纯金放在盛满水的两个盆里，比较两盆溢出来的水，发现放王冠的盆里溢出来的水比另一盆多。这就说明王冠的体积比相同重量的纯金的体积大，所以证明了王冠里掺进了其他金属。

这次试验的意义远远大过查出金匠欺骗国王，阿基米德从中发现了浮力定律：物体在液体中所获得的浮力，等于它所排出液体的重量。一直到现代，人们还在利用这个原理计算物体比重和测定船舶载重量等。

▼阿基米德在洗澡过程中发现了浮力定律，解决了国王王冠的问题

亚里士多德的生物学

古希腊哲学家亚里士多德采取性状对比的方法区分物类，如把热血动物归为一类，与冷血动物相区别。他把动物按构造的完善程度依次排列，给人以自然阶梯的概念。这些在现代的科学研究中，仍然具有现实意义。在那个时代能有这么深的生物学研究，一方面是古希腊的高度文明发展的结果，另一个原因是古希腊的语言文字所起的至关重要的传承作用。

文字的发明，使得人类能够将自己对自然界的观察结果和人类以往积累的科学经验知识，加以记录。在西方，从古代埃及、巴比伦等地区兴起和初步发展的生物学知识，经过一段时间发展积累之后，到了公元前5世纪—前4世纪前后，生物学终于在古希腊诞生。

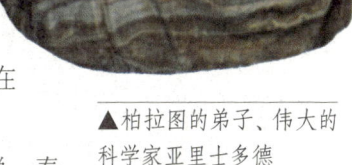

▲柏拉图的弟子、伟大的科学家亚里士多德

古希腊人提出了自己的关于生命起源于自然界的假说。泰勒斯认为万物出自水便是这种假说的最初代表，而现代科学已证明生命是由地球的原始水圈孕育出来的。到亚里士多德时代，亚里士多德和他的学生对生物进行了极深入的研究，他们对动物进行解剖、分类，准确描述了动植物的形态，提出生物的层次思想，认为生物有高低差别，可以排成从低到高的阶梯，人是自然界最高级的动物，是一朵其他生命均向其看齐的"自然花"，由此，生物学从他们的研究中诞生。

亚里士多德的生物学研究之旅

亚里士多德对研究动植物有浓厚的兴趣。他一生研究了500多种动物，并至少亲自解剖、观察了50多种动物。由于亚里士多德运用观察和解剖研究动物，从而掌握了丰富的动物知识，并通过对经验知识的归纳和整理，

◀纪念亚里士多德的邮票，这是正在思考中的亚里士多德

大大推动了生物科学研究的发展。他对动物分类、动物的形态解剖构造、动物的繁殖与胚胎发育等各方面都做出了概括性描述。他的描述性动物学方面的主要著作有《动物志》《动物的结构》《动物运动》《动物之生殖》《动物的迁移》《动物的运动》等。

在亚里士多德前，西方没有人进行过动物的系统分类。亚里士多德对生物学的最大贡献，是他提出了一个动物的分类系统。首先他根据动物体内的血液颜色分动物为有红色血液动物与无红色血液动物两大类。有红色血液动物相当于现在的脊椎动物，无红色血液的动物相当于现在的无脊椎动物，他还指出，"一切有红色血液的动物，其身体都具备某种形式的脊骨。或由骨组成，或由刺组成"。有红色血的动物

▲在古希腊出土的亚里士多德的头像

▲在亚里士多德之前人类被认为是这些天神创造的

又分为四类：一是胎生四足兽类，包括全部哺乳动物。亚里士多德正确地将蝙蝠和鲸也列为哺乳动物；二是卵生四足动物，包括爬虫类和两栖类动物；三是鸟类；四是鱼类。无红色血动物中亦分为四类：一是软体动物类（相当于现在代分类中头足类）；二是软甲动物类（相当于现在的甲壳动物类）；三是介壳动物类（相当于现在的软体动物类）；四是虫类（包括现在的昆虫纲、蛛形纲、多足纲类动物）。

在生物历史上亚里士多德被认为是分类学之父。他的"有红色血液的"和"无红色血液的"这种分类被人们一直沿用，直到拉马克将其改名为"脊椎动物"和"无脊椎动物"。

亚里士多德对多种动物的胚胎发育进行了研究。他认为动物的生殖方式和初生时成熟程度，可作为区别动物的标志。他正是

◀亚里士多德不但在生物学方面有出色的成就，而且还是一位师者，这幅中世纪的手抄本表现了他给亚历山大大帝讲课的情形

▲亚里士多德关于动物的研究已被古希腊人记录在壁画中

由解剖观察了鲸是胎生的并是肺呼吸的,所以尽管鲸外形像鱼,但他仍然将它放在四足类(哺乳类)中。亚里士多德比较了鲨鱼卵、鸟卵、蛙以及各种虫卵的发育情况,它们虽然都是卵生的,但又各不相同。亚里士多德不仅注意到动物构造上的差异,而且也注意它们的联系。他发现在自然中,不存在一种动物同时具备长牙和角。他认为这是因为野兽不需兼具角和长牙来保护自己。他还发现,反刍动物有一种多重胃,就是为补偿它们不发达的牙齿。亚里士多德的解释,往往带有目的论色彩,但他的观察确实是细致和敏锐的。他这种器官相关学说对后来生物学的发展是有影响的。

亚里士多德对有些动物习性的观察是很精细的。例如,他对麻醉鱼的捕食行为作了这样的描述:"对于它所要捕捉的生物,先使用它身上所具有的震动性能,使之麻木,然后吃掉它。它也隐身于泥沙的浑水中,捞取所有游近而进入它麻震范围以内的生物。"这里麻醉鱼就是现在的电鳐。它能放出电流,电麻周围的动物。亚里士多德当时虽不知道电为何物,但他已相当准确地描述了电鳐的习性,这显然是细致观察的结果。亚里士多德曾考察过一种大鲶鱼的繁殖情况。他发现这种大鲶鱼从卵中生长特别缓慢,因此雄鱼得伺守40—50天,以防止其卵被其他鱼类吞食。他还补充说,鱼类卵一般都损失。后来人对亚里士多德有关大鲶鱼的观察描述,曾持怀疑态度。因为学者们发现欧洲的鲶鱼不像亚里士多德所描述的那样。到19世纪已有人发现,美洲的鲶鱼确有类似情况,不仅如此,1856年,人们终于在古希腊的一条流入科林斯湾的阿凯鲁鲁斯河中看到雄性大鲶鱼伺守鱼卵的情况,证实了亚里士多德的正确观察,其描述是正确的。

亚里士多德对动物的观察和描述,是可信而有根据的。他是把人类对动物的长期观察结果记录下来,并加以总结、整理使之系统化的第一个人。

思想巨人:亚里士多德

亚里士多德出生在斯塔吉拉城,父亲是马其顿王阿穆塔的宫廷医师,在亚里士多德幼年时去世。亚里士多德18岁时被送到雅典,进入柏拉图学园学习,后来担任教师。柏拉图逝世后,他离开雅典来到亚洲的小亚细亚的阿索斯城,建立学园,开展教学和研究工作。3年后,波斯帝国攻陷城池,亚里士多德逃到累斯博岛的米提利尼城。公元前335年回到雅典,在城外吕克昂的阿波罗神庙附近的运动场里另立讲坛,由此,他的学园被称为"吕克昂"。与柏拉图的学园相比,它更注重实际,研究问题更注重提出疑难,注重多方面收集材料加以尝试和探索。公元前323年,亚历山大突然死去,雅典发

▲马其顿著名的国王腓力二世,亚里士多德就生活在这个时期

▲这个阿波罗神庙遗址旁就是亚里士多德的讲坛所在地

生了反马其顿的运动，亚里士多德被作为政治打击的对象，被控以"亵渎神灵"的罪名。他把学园交给德奥弗拉斯特，避难于卡尔基，亚里士多德次年因病逝世，终年63岁。

研究植物学的德奥弗拉斯特

德奥弗拉斯特是亚里士多德的学生。他曾和亚里士多德一起采集植物标本。后来亚里士多德主要研究动物，而他继续研究植物。德奥弗拉斯特研究植物不同于一般本草学家。本草学家通常主要研究植物的药效、采集、炮制等。而德奥弗拉斯特，则是将植物作为自然界的一部分而加以考察和记述。主要记述各地植物的分布、特点和传说。和亚里士多德一样，他把植物本身作为研究的对象，研究它的形态、器官、功能，它的生长和繁殖，以及分类等等。德奥弗拉斯特所记述的植物学知识大大超出了前人的范围，他所提到的植物也不局限于古希腊和地中海沿岸，还包括欧洲、亚洲其他一些地区。据说德奥弗拉斯特写有200多种论著，虽然大都失传，但至今还存有《植物志》和《植物因由》两书。《植物志》主要是对各种植物进行形态分类描述。《植物因由》主要论述植物的生长繁育、周围环境对植物生长发育的影响、病虫害及其防治等。

▲德奥弗拉斯特是亚里士多德的学生中成就最高的一位，在生物学、医学和生理学等方面都有很高的造诣

德奥弗拉斯特相当详细地描述了植物的根、茎、枝、小枝、叶、花、果等各部分。他认为根的作用是可以从土壤中吸取养料，他认识到植物地下部分并不都是根，而地上部分有的却是真正起着根的作用。如指出常青藤的一种附着物就是一种根，而不是须。对于茎他认为是从根向植物体各部分运送养料的器官，并将茎构造分为皮、木质和髓三个部分。对于叶他没有下定义，但他对叶的着生方式、叶序等都进行了描述。对于花，他认为花的萼片和花瓣是变化了的叶，花的子房是幼果。他已经区分出了现在所称的上位花、周位花和下位花。区分了向心花序和离心花序。他还注意到蓟有一个由许多花组成的花头。在描述过程中，德奥弗拉斯特还创造了一

些术语,如"果实"(carpos)指各种含有种子的结构。"果皮"(pericarpion)指种子外面所包裹的那层结构。

德奥弗拉斯特描述了大约540种植物或变种。他将植物分为陆生植物和水生植物两大类。陆生的又分落叶植物和常绿植物。水生植物则又分为淡水植物和咸水植物。根据生理特性,他将植物又分为果实植物、无果实植物、显花植物和隐花植物等。他根据茎、叶、种子的不同特点,详细描述了单子叶植物和双子叶植物的差异。

通过考察和资料分析,德奥弗拉斯特认识到野生植物有一定的分布区域。由于对水需求的差别,一些植物只分布在沼泽或其他非常潮湿的地方;一些既不生长于潮湿之地,也不生长于干燥之地;而另一些植物则只能生活在海岸上。云杉和冷杉等主要分布在山地;榆树、橡树、柳树则主要分布于平原地区。他指出光照也是影响植物分布的一个原因。通常棟树在向阳的南坡生长良好,而冷杉则主要分布在背阳的阴面。

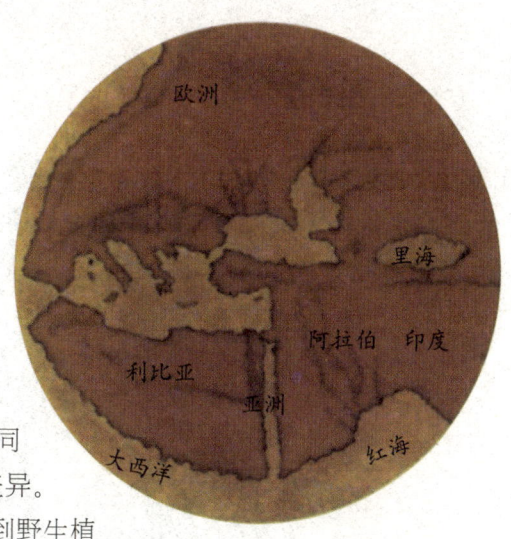
▲德奥弗拉斯特出去考察使用的地图之一

德奥弗拉斯特详细记述了高等植物的有性生殖。他说:"所有树按其种类有许多不同之处,但有个共同之处即各种树都由雌性树和雄性树组成。对枣椰树来说,只有雌、雄两树靠近才有利于果实的保存。他还具体介绍了枣椰树人工授粉的做法。"

亚里士多德和德奥弗拉斯特影响了此后近1900年生物学家的工作,一直到16世纪,还很少有人能超出他们的水平。

◀亚里士多德和德奥弗拉斯特对农业的发展起到了非常重要的作用

非凡的演讲

亚里士多德的弟子德奥弗拉斯特在植物学方面作出了很大贡献。德奥弗拉斯特这个名字是他的导师亚里士多德赠与他的绰号,意为"非凡的演讲"。他的真名是蒂尔塔默斯。德奥弗拉斯特一共收集和描述了约500种植物,将它们分为乔木、灌木、草本三类。又根据植物生长地区的不同,把它们分成陆生植物和水生植物,陆地植物又分成落叶植物和常绿植物,水生植物分成淡水植物和咸水植物。他还创造了许多专有名词,如果实、果壳等,至今还在植物学中沿用。

第五章
伟大的古希腊哲学

　　人类最初的文化形态是宗教和神话，哲学脱胎于宗教和神话的世界观。世界各民族都有宗教和神话，但不是每一个民族都有哲学。在诸多古代文明中，只有中国、印度和古希腊产生出一般意义上的哲学，并且这三个民族的哲学是在大致相同的历史时期诞生的。在古希腊的历史上，对西方文明影响最深远的，恐怕就是关于人类心灵的一门学科——哲学了。在古希腊这个古老国度里，各种哲学流派竞相发展，这些哲学思想大都反映了当时的社会状况，并且对人们的内心进行深入的研究。

　　毕达哥拉斯、苏格拉底和柏拉图这些伟大的哲学家，给后世留下了他们的不朽著作，也把他们的哲学思想留给了我们。

▲古希腊著名的哲学家苏格拉底像

古希腊哲学产生的原因

▲被爱琴海和地中海包围着的古希腊，造就了他们的航海的民族特性

古希腊半岛土地贫瘠而多山，随着人口繁衍，古希腊人只能向海外谋求生存和发展，他们在爱琴海、黑海和地中海沿岸和岛屿建立了众多殖民地。公元前6世纪波斯人自东向西入侵，造成了领土的变迁、民族的迁徙和融合，东西方的文化交流和贸易往来更加频繁。当时处于领先地位的埃及和巴比伦文化西渐，医学、历法、度量衡、算术、天文等方面的技术和知识传到古希腊地区。外来文化和自身积累的经验技术相结合，孕育出新思想的萌芽。

古希腊人是航海的民族，古希腊人在从事海外殖民和贸易的航海活动中很容易发现天文、气象、海流等自然现象的规律性。试想，茫茫大海上一叶扁舟，面对海天一色的空阔，观望星移斗转的天穹，这样的自然环境怎能不激发出对自然奥秘的遐想？一旦人们知道经过观察可以发现规律，并能作出正确的预测时，他们眼里的世界就不再是受外部力量任意支配、变化的无迹可寻的现象。人们开始有了变化的观念、秩序的观念和原因的观念，并且逐渐认识到，秩序和原因就存在于运动变化的事物之中。

古希腊哲学开始于对自然的思考。古希腊哲学是西方哲学的本原，西文"哲学"一词出自古希腊文菲罗索菲亚（philo-sophia），意为爱智。对古希腊人来说，智慧不是感性认识，而是关于事物的原因和原理的知识。古希腊人的哲学思维是在"古风时期"形成的。按照古希腊思想家的看法，哲

◀古希腊城邦的发展为其哲学的产生和发展创造了条件

学的产生需要如下一些条件：一是惊异，即看到事物有惊异感，有提出问题、穷根究底的能力；二是闲暇，即有从事脑力劳动的物质条件；三是自由，即思考的自由。古希腊城邦的形成，奴隶制的发展，相对民主和自由的社会环境以及缺乏系统、严格的宗教教条和宗教伦理为古希腊哲学的产生和发展创造了前提。

▲奴隶制度的发展也是古希腊哲学的又一促进因素

古希腊最早的哲学是自然哲学，即对于自然界本身的探讨和解释，与人生没有关系。小亚米利都的泰勒斯（公元前7世纪末—前6世纪初）是第一位自然哲学家，他认为水是万物的始基，一切生于水还于水，大地漂浮在水上。这种认识是一种高度的抽象，创立了用自然本身的物质去说明自然的

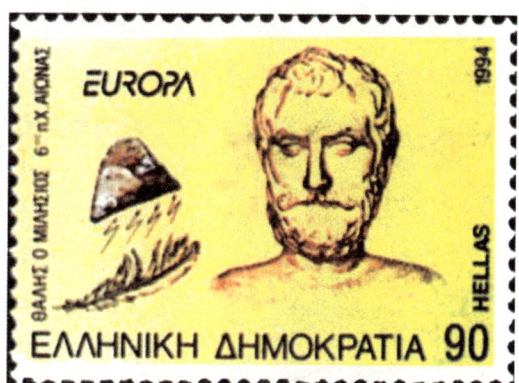

▲古希腊最早的哲学学派米利都学派代表人物泰勒斯

唯物主义世界观。在哲学史上他被誉为"哲学之父"。阿纳克西曼德（约公元前611—前546）沿着导师泰勒斯开辟的道路提出世界本原是一种抽象的无限，只有无限才能永恒存在，无限在运动中产生矛盾，如冷与热、干旱与潮湿等，这就把世界万物统一到一个相同的概念之中，比泰勒斯把许多不同事物抽象到一个具体概念中有了很大进步。阿纳克西曼德的学生阿纳克西美尼（公元前6世纪中期前后）则认为世界的本原是空气，它的膨胀和收缩产生了世界万物。一切都在永恒的空气中发生和转变，其中也包括神灵。

古希腊的地理状况

古希腊本土分为北古希腊、中古希腊和南古希腊三部分。中古希腊的雅典从古到今始终是古希腊最大的政治、经济、文化中心。南古希腊在地理上又别称伯罗奔尼撒半岛，其东北端的迈锡尼在爱琴文明后期代克里特而起，地位非常重要。在古希腊文明时期，古希腊本土和爱琴诸岛都各自建立数以百计的城邦小国，始终未能统一，但在民族、语言、文化、风俗方面却较为一致。

这三位早期哲学家均是米利都人，且保持着师承关系，因而被称作米利都学派。

公元前5世纪初，波斯毁灭米利都后，米利都学派也随之消失，但这一学派的历史功绩不可磨灭。泰勒斯等人力求从自然本身去解释自然现象根本原因的做法开创了一种与神话和宗教根本不同的思维方式，这就为科学的发生与发展创造了先决条件。

哲学与宗教分离出来，使哲学开始向着独立的学科进行发展，从而开创了古希腊哲学世界的繁荣和昌盛。

百花齐放的哲学学派

古希腊文明中出现了对后世影响最重要的贡献之一——哲学，它为解释和研究人们的精神世界提供了宝贵的经验。在古希腊的历史上出现了很多伟大的哲学家，也形成了多种哲学流派，他们都固守自己的学派，彼此间形成了百家争鸣的哲学世界。

俗话说乱世出英豪。这话一点都不假，在那动荡不安的时代，人们的思想也发生重大的变化，于是在古希腊这片土地上，各个学派纷纷举起了自己哲学学说的大旗。

毕达哥拉斯学派

自从米利都学派开创了古希腊的哲学之后，逐渐出现了很多哲学派系，首先出现的是毕达哥拉斯学派。毕达哥拉斯（公元前6世纪中期）是萨摩斯岛人，后移至南意大利。他是目前所知的第一个使用"哲学"一词的人。他自诩为爱智者，在他看来，有人活着为名；有人活着为钱；

▲伊壁鸠鲁学派的创始人哲学家伊壁鸠鲁，他继承并发展了德谟克利特的原子论

还有少数人不为名不为利，为自己做出最好的选择，就是专注于思考自然，增加才智，做智慧的人，这种人就是哲学家。

在这里，毕达哥拉斯把哲学视为一种生活方式和高尚的境界。毕达哥拉斯是数学家，在寻找世界万物本原和变化动因时特别强调数，认为抽象的数是万物之本。由数而有形，由形而有物。数比米利都学派所倡导的物质本原具有严格的确定性，如万物可以量化，一个苹果，两张桌子，三个人等。毕达哥拉斯的这种用事物属性数字来说明一切的做法并不成功，却表明人的抽象思维已达到了一定的高度。

在用数来解释世界的同时，毕达哥拉斯还发展了由米利都学派最初提出朴素的对立统一的辩证关系，赋予数更多的含义。他认为有十类对立物，如奇数和偶数、右与左、雄与雌、明与暗、静与动、善与恶、有限与

▶人类男女的性别差异也是属于这种对立物之列

无限等。对立面的和谐统一就是数的和谐统一。毕达哥拉斯学派特别强调和谐统一,把它作为其哲学的最终追求。他们本身也是这样实践的。他们用苦行来力求达到完美的做人境界。这种和谐论在社会领域有很大市场,代表人们在社会斗争中的一种态度,像中国哲学的中庸、调和的思想,和谐统一的思想在古希腊和后来的古罗马都有相当重要的影响。

唯心的埃利亚学派

古希腊最早的唯心主义哲学是由埃利亚学派明确提出来的。毕达哥拉斯的思想虽有唯心的成分,但分界并不清晰。埃利亚学派得名于意大利南部岛屿埃利亚,其代表人物为巴门尼德(约公元前6世纪或公元前5世纪)。

▲犬儒学派的创始人哲学家安提斯泰尼,他主张回到原始状态

巴门尼德首先明确划分出思维与存在的区别。他认为世界明显地分为两部分,一部分是人的主体认识,另一部分是作为人们认识对象的客观世界。在主体认识方面又分作两种:一为感官经验,巴门尼德称之为意见;一为思想认识,巴门尼德称之为真理。他的哲学思考就建立在两种认识的对立基础上,而不是赫拉克利特的对立统一。在他看来,真理性认识表现在"存在就是存在,不存在就是不存在",绝不是赫拉克利特那种既存在又不存在,一切都向自己对立面转化。他认为赫拉克利特的这种思想只是意见,是虚假的感觉。

他还认为经验感受到的外部世界千变万化,处处呈现出不真实。与之对立的必有一个真实的世界。纯粹的存在,它只能通过逻辑思维去发现。

▼古希腊塑像

▲神话传说中的神就是源于一种唯心主义思想

所以人的精神思维就等于纯粹的存在。巴门尼德是主观唯心主义的最早的主要代表,他的思维方式使古希腊哲学达到逻辑思维的新高度。

由于埃利亚学派的出现,哲学解释上的唯物和唯心、运动和静止的分界开始明确化。唯物就是世界的本原是物质,物质决定精神,存在决定意识。唯心就是认为人的思考法则即逻辑思维规律高于物质存在,客观存在需要思维来确定,思维不通就不可能存在。这种基本的分歧贯穿着西方哲学的发展。

德谟克利特的朴素唯物主义

在巴门尼德之后,就唯物论而言,最杰出的人物是德谟克利特(约公元前460年—前370年)。德谟克利特同米利都学派和毕达哥拉斯学派不同,他提倡朴素唯物主义。德谟克利特是位脱离社会政治活动的古代专业哲学家。德谟克利特是色雷斯阿布德拉城人,一生著书很多,但所传甚少。

▲斯多噶学派的创始人芝诺,主张世界的本原是一种"宇宙性"

他的哲学基本内核是原子论。他认为宇宙的本原是原子和虚空。原子是物质,内部无空隙,不再可分,构成世界上的一切事物。原子和原子之间只有量的多少,无质的差异。如太阳和月亮均由光滑和球形的原子组成,灵魂也由此构成。"没有东西能从无中所生,也不能消失于无"。各种物质现象的变化、生灭均由于原子在空间的排列不同所致。原子论把唯物主义思想向前大大推进了一步,摆脱了过去唯物主义的感性色彩,找出了超感性的物质概念。德谟克利特的虚空是个更具创造力的概念。他并不认为原子充满宇宙,而认为在原子与原子之间、原子集团和原子集团之间有很多空间,这是一切事物存在的条件。因为空间只有处于虚空状态,事物才可置身其中。虚空中的原子运动以旋涡形式进行,原子在旋涡中机械位移,排列组合,从而产生世界万物。

德谟克利特的原子论第一次给作为一切现象基础的物质,提出了一个相当清晰的物理学上的本体概念,理论的严密性和确切性超过前人,因而他的哲学是古代唯物主义哲学发展的高峰。

在德谟克利特之后,古希腊的唯物主义哲学趋向没落;而唯心主义哲学则随着苏格拉底、柏拉图哲学的发展而逐渐占据了优势地位。到了后来,柏拉图的学生亚里士多德将哲学思想真正地变成了一门独立的学科。在他的著作中,古希腊哲学的爱智与深思精神被发展到顶峰。他的哲学与他的导师柏拉图是批判与继承的关系,其中的批判要多于继承。

古希腊时期的哲学思潮层峦叠起,形成了那个时代独特的特色,也为后世哲学思想的发展起到了关键的作用。

▲亚里士多德在哲学上的成就很高,其他方面也有突出的表现。这幅是中世纪的时候人们为他的书设计的插图

古希腊哲学集大成的亚里士多德

亚里士多德(公元前384—前322年)是集古希腊科学文化知识之大成的渊博学者,哲学是他最擅长的领域。他师从柏拉图20年,一度任马其顿王亚历山大的教师,后回雅典办学。著作立说达千卷之多,大多散佚,现存162卷,包括《形而上学》《物理学》《气象学》《政治学》《伦理学》《修辞学》《范畴篇》等47部,其中有些作品,可能是后人伪作。他有句科学认识史上的名言:"吾爱吾师,吾尤爱真理。"反映他真理高于一切的信念。他的哲学认识论是从批判柏拉图的理念开始的。他在《形而上学》中认为自然界是客观的、真实的存在,人们的认识来自对客观世界的感觉,没有感觉就没有知识。他把柏拉图的理念比作一种拟人的神灵,正如神是神化了的人一样,理念则不过是永恒化了的自然物体,适合不同时代、不同民族、不同年龄、不同背景的各类读者阅读。

《理想国》与"哲学王"思想

▲雅典最著名的哲学家柏拉图,他有一个著名的弟子——亚里士多德

作为一位哲学家,柏拉图对于欧洲的哲学乃至整个文化的发展,有着深远的影响。特别是他的认识论、数学哲学和数学教育思想,在古希腊的社会条件下,他对于科学的形成和数学的发展,起了不可磨灭的推进作用。

从柏拉图的著作中,可以看到数学哲学领域最初的探究。柏拉图的数学哲学思想是同他的认识论,特别是理念论分不开的。他认为数学所研究的应是可知的理念世界中永恒不变的关系,而不是可感的物质世界中的变化无常的关系。因此,数学的研究对象应是抽象的数和理想的图形。

哲学名著《理想国》

作为古希腊伟大的哲学家,柏拉图的《理想国》是一部影响深远的哲学著作。同时也使他的哲学思想得到真实、彻底的体现。"哲学王"的思想是《理想国》这本书的核心,也是柏拉图写作此书的意图之所在。《理想国》一书震古烁今,书中讨论到优生学问题、节育问题、家庭解体问题、婚姻自由问题、独身问题、专政问题、独裁问题、共产问题、民主问题、宗教问题、道德问题、文艺问题、教育问题(包括托儿所、幼儿园、小学、中学、大学研究院

▶柏拉图的理想世界就像赫拉神殿一样完美

以及工、农、航海、医学等职业教育）加上男女平等、男女参政、男女参军等问题。柏拉图在《理想国》中对"哲学王"是在两个方面加以阐述，即思想内容和逻辑。

"哲学王"思想的内容

对"哲学王"思想内容的论述，主要集中从《理想国》第五卷后半部分中对哲学的论述，一直到第七卷的篇幅中。里面提到："只有在某些必然性碰巧迫使当前被称为无用的那些极少数的未腐败的哲学家，出来主管城邦（无论他们出于自愿与否），并使得公民服从他们管理时，或只有在正当权的那些人的儿子、国王的儿子或当权者本人、国王本人，受到神的感化，真正爱上了真哲学时——也只有这时，无论城市、国家还是个人才能达到完善。"简言之，哲学家去做统治者，统治者必须是哲学家，这便是"哲学王"的政治主张，也是谁应做统治者和统治者应符合何种标准。

▲柏拉图青铜像，他的"哲学王"思想意义深远

柏拉图对世界看法的理念、哲学的特性、哲学家的特性与哲学家的职责和培养（即统治者变成哲学家）的论述紧密相联。前面三个是该思想的逻辑基础，将在本节的下部分论述。现在讲哲学家的职责及其培养问题。

哲学家的职责，柏拉图强调了两点：优生、教育及制定法律。优生方面，由他们挑选天性最优秀的男女婚配，婚配过程由统治者秘密操作，以抽签的形式决定，生育出天性最好的婴儿。教育方面，他们在不知道自己父母的情况下被送至育儿院，接受音乐和体育方面的良好训练，以期成为合格的人才，为以后成为"哲学王"打好基础。最后一点，哲学家应为城邦制定法律，使国家稳定而不分裂、不出现衰退。"哲学王"的后继者问题，即哲学家培养问题，柏拉图强调选择那些具有"良好的记性、敏于理解、温文尔雅、爱和亲近真

◀古希腊哲学是捍卫古希腊城邦的又一重要武器

▶哲学是善的城邦的保护伞

理、正义、勇敢和节制"天赋的人进行哲学学习。但必须当他们韶华已逝的时候,才允许他们进行辩证法方面的训练,只有当他们的体质开始衰退,而他们又已过了参与公共事务与军事服务的年龄,这个时候,他们才可允许进入这块神圣的领域。在此领域,他们可通过辩证法和理性看到善的理念,并在此理念指引下认识万物的存在;只有这样,他们才能成为城邦合格的继承人。城邦也才能永远在善的指引下长存。

"哲学王"思想的逻辑

柏拉图的"哲学王"思想的逻辑,是由对世界的看法、对认识活动和灵魂状态的看法、对哲学的看法、对现存政治状况的看法以及对哲学家的看法五个部分组成。下面将探讨这些内容。

1. 对世界的看法。柏拉图将世界分为可见世界和可知世界。可见世界包括事物本身和事物的影像;可知世界主要是指理念世界和事物的本质,即事物的形式、存在本身。可知世界通过两种途径获得:首先,从假设出发,经过理性推理得到结论;其次,从一个理念到另一个理念,最后归结为理念,即"罗格斯本身凭着辩证的力量而达到的那种知识"。

2. 对认识活动和灵魂状态的看法。"善的理念",具有最高性,它指导对事物存在的认识;对事物存在的认识及对事物背后的理念或形式的认识为"知识",其他的只能叫"意见",是对千变万化的可见世界的反映。相对应的是灵魂的四种状态:理性、理智、信念和想象。

3. 对哲学的看法。哲学

▶壁画《雅典学派》,图中间的为苏格拉底和柏拉图。在这里柏拉图的"哲学王"思想得到了传播

是在"善的理念"指引下，通过辩证法研究来认识事物本质的智慧。只有哲学才能引领人们认识到世界的存在。

4. 对现存政治状况的看法。现存的政治是堕落的，离善的城邦理念越来越远。哲学家不受重用以及哲学家的独善其身，很少有人试图挽救或者重建一个最接近城邦理念的复制品。

5. 对哲学家的看法。哲学家是真理的追求者和知识的拥有者，他们不热爱权力。但是出于对城邦的责任，在统治者请求下，他们可以为新城邦的建立出谋划策。也只有他们才能按照"善的理念"制造出复制品。因此，哲学家应当作为统治者全面管理城邦事务，包括对后继者的培养，挽救城邦的衰退。

柏拉图否认现实世界的真实性和感觉经验的可靠性，认为理念是人心之外的一种实体，真理认识只能靠对它的直接感悟，所以他的哲学是客观唯心论。他的理念论用于对现实社会的改造，产生了他的理想国的设计。他的哲学认识论成为西方唯心主义的思想来源。他倡导对永恒的真善美即理念世界的追求，后来人们往往把追求纯精神的唯理主义行为称作"柏拉图式"的行为。

▶柏拉图完全继承了苏格拉底的思想和学说，他们的理论对后世影响深远

苏格拉底的忠实继承人——柏拉图

柏拉图（公元前427—前437年）出自雅典贵族家庭，生逢古希腊城邦危机初现的时代，曾力求用自己的哲学拯救国家和社会。后致力于教书育人，留下大量著作，主要作品以对话体写就，著名的有《申辩篇》《会饮篇》《理想国》等，内容涉及哲学、政治伦理、教育问题。他的哲学思想是一个庞大的体系，其核心为"理念论"，其他理论均以此为基础。在他看来，世界分为感觉中的自然世界和理念中的超自然世界两部分。由于感知的世界总在不停地变化，人们对它的认识因时、因地、因人、因情而异，因而感觉世界是不真实的。唯一真实的是永恒存在的理念世界，而感受到的现实世界只是理念世界的反映。比如，说少女和鲜花美时，必先有一个美的概念在判断者心中，这一概念又一定和美的总体概念相一致，因而在判断者的身外必定有一个绝对美的理念。

只有在古希腊，哲学才能发扬光大

古希腊人善于对东方异国发现和学习，他们从那里接受了许多东西。倘若人们把来自东方的老师和来自古希腊的学生放到一起：把索罗亚斯德（古波斯拜火教创立者）与赫拉克利特（认为火是万物本原的古希腊哲人）并列，把印度教信徒与埃利亚学派（主张有不变本体）并列，把埃及人与恩培多克勒（坚信灵魂不灭）并列，把阿那克萨哥拉（宇宙二元论者）置于犹太人中间，把毕达哥拉斯（讲求宇宙的和谐秩序）置于中国人中间，那一定是一个奇观。

古希腊人是善于吸收的民族

古希腊人汲取了其他民族的一切活着的文化，他们之所以走得如此远，正是因为他们善于学习的结果。

哲学的开端都是粗糙、原始、空洞、丑陋的。无论任何事物，都只有到较高的阶段才是可观的。谁要是因为埃及哲学和波斯哲学也许"更本原"、更古老，便宁愿去研究这些哲学而不学古希腊哲学，他一定是鲁莽无知的。

古希腊人不受约束的求知欲，使得他们对各种价值都抱有一种理想上的需要与关切，他们想立即经历所学到的一切，在从事哲学研究时，他们能摆脱任何的夜郎自大的心理，致力充实、提高、扬弃、净化引进的元

▶古希腊的哲学影响之大就像信奉拜火教的波斯人的万国门屹立不倒

▲古希腊凭借出色的造船技术进行海外掠夺,同时也吸收了其他民族的长处

素,因此在一个更高意义上和一个更纯粹的范围内成了创造者,也就是说,他们创造了"典型的哲学头脑"。这种"贪得无厌"的求知欲,在从事哲学研究的过程中是有文化的人,为文化目的所从事的一种伟大的事业。我们看到,在后来的时代,再也看不到任何实质上的创造,也就是说纯粹的伟大理性停止了。

哲人辈出的时代

我们面对古希腊大师泰勒斯、阿纳克西曼德、赫拉克利特、巴门尼德、阿纳克萨哥拉斯、恩培多克勒、德谟克利特、苏格拉底这样一个惊人的哲学群体,每个民族都会真心敬佩。所有这些人是一个整体,是用一块巨石凿出的群像。在他们的思想和他们的性格中贯穿着一致的必然性。他们没有任何常规可循,当时的哲学和学术研究都不成其为专业。他们都处在自我的孤独中,当时只有他们为了认知而生活。他们都拥有古希腊人

▼古希腊时期人们的创造性造就了伟大的哲学家,如苏格拉底,可惜他受迫害致死,这就是后人描绘的"苏格拉底之死"

那种独具特性的力量,他们能胜过一切,这种力量推动他们发现思维的形式,并通过创造进一步达到惟妙惟肖的目标。他们遇不到现成的模式可助其一臂之力,以减轻困难。所以,他们就共同构成了叔本华(19世纪德国哲学家)所称的,与所谓"学者共和国"相对立的"天才共和国"。这就好比一个巨人越过岁月的鸿沟向另一个巨人发出呼唤,不理睬在他们脚下爬行的侏儒的放肆喧嚣,延续着崇高的精神对话。

关于这场崇高的精神对话,从泰勒斯到苏格拉底,这些古希腊哲人在这场对话中已经触及了构成典型古希

▲这些哲人就如同雄伟的建筑一样不朽

腊精神的一切内容,尽管是在最概括的形式中触及的。在他们的对话中,就像他们的个性一样,也表现了古希腊创造力的伟大特征,而整部古希腊史是这些特征的印迹。如果要正确地解释古希腊人的全部生活,最终会发现,这就是古希腊人天才身上闪烁着的光彩。

古希腊土地上最早的哲学思想,是这些哲人的思想,这就给古希腊人的形象勾画了难忘的轮廓。"其他民族出圣徒,古希腊出哲人。"

古希腊是一个宽容的民族

有人说得对,要给一个民族定性,与其看它有些什么伟大人物,不如看它是以什么方式认定和推崇这些伟大人物的。在别的时代、别的地方,哲学家是处在最敌对环境中,偶然的、孤独的漫游者,他们不是隐伏潜行,就得起来抗争。只有在古希腊人那里,哲学家才不是偶然和孤独的。他们出现在公元前6—前5世纪,这个时代被世俗化的巨大危险和诱惑所包围,仿佛迈着沉重的步伐走出特罗弗纽斯洞穴,进入古希腊殖民地的繁荣、贪婪、奢华和纵欲之中。也许,他们是作为警告者来的,他们所怀抱的,正是悲剧在当时为之诞生是俄耳浦斯在其祭礼的怪诞象形文字中所暗示的。这些哲学家对于生命和存在所作出的判断,其内涵要比任何一个时代所作的判断多得多,他们是一种完满的生命,他们的情感是追求生命的自由、美的愿望,求索真理的冲动支配着他们。

只有一种像古希腊那样的文化,才能回答这些哲学家的问题,因为只有这种文化才懂得并且能够证明,哲学家为何及如何不是一个偶然的、随意的、萍踪无定的漫游者。有一种必然性把哲学家维系在这种文化上。

倘若这种文化不是宽容的,那么哲学家就是一颗吉凶未卜、令人惊恐的彗星。只有在古希腊人那里,他才不是彗星,古希腊人能够为哲学家撑起保护的伞。所以说,古希腊和那个时代的哲学家的发展是互为补充、休戚相关的。相同的命运使他们共同前进,古希腊成就了古希腊哲学的发展,哲学也造就了古希腊的空前繁荣。

◀在古希腊的神殿建筑上面仿佛看到了古希腊民族高尚的情操

▲对于哲学家，一种风格统一的文化内所要完成的任务，不同的处境和出发点是无法猜度的

唯物主义的发展

　　古希腊古典哲学在公元前5世纪继续发展了自然哲学的唯物主义传统，其较早的代表有西西里岛的古希腊哲学家恩培多克勒（约公元前495—前435年）和伯里克利的老师阿纳克萨哥拉斯（约公元前500—前428年）。恩培多克勒改进了以前自然哲学诸家认为万物本原为一种元素的理论，提出本原应有四种元素，即土、水、气和火，这四种元素分别代表了固体、液体、气体和一种比气体更稀薄的物质。他还提出物质不灭的思想，开启了原子论的思路。阿纳克萨哥拉斯则是伯里克利民主政治的坚决支持者，他发挥了物质不可分之说，认为一切事物都是许多性质不同的微粒组成的，称为"种子"，从而直接启发了日后的原子论。最后完成原子理论的古希腊哲学家是德谟克利特（约公元前460—前370年），他奠定的原子学说是公认的古代唯物主义最高体系。

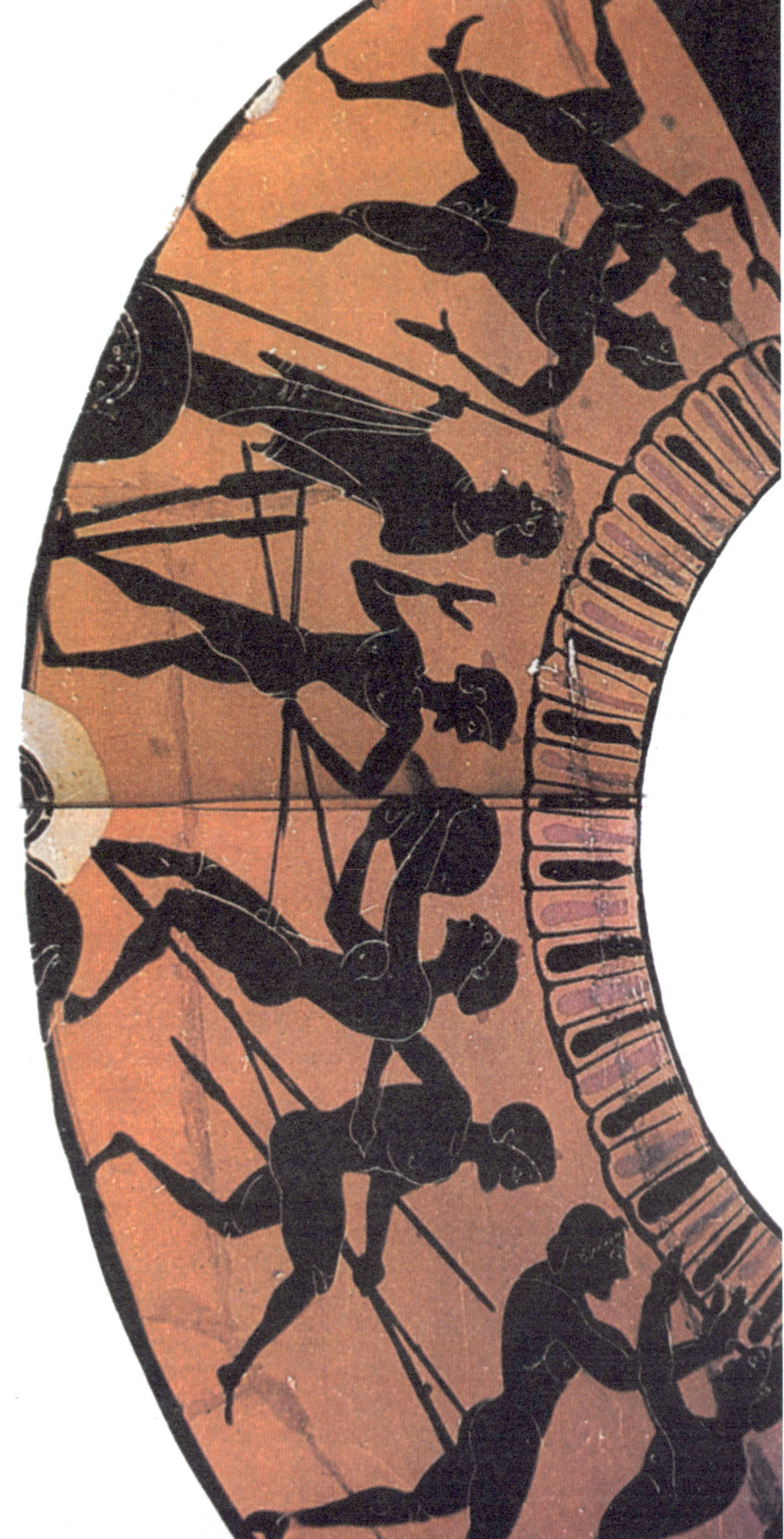

第六章
古老的奥林匹亚山

在奥林匹亚遗址中发现的最早建筑物可上溯到公元前 2000 后—前 1600 年,其中以位于中部的宙斯神庙(约公元前 460 年建)最著名。它长约 66 米,宽 30 米,东西两端各有 6 柱,南北两面各有 13 柱,取多利亚柱式,全用石料精制。考古学家认为它是古希腊当时最雄伟的建筑之一。

古希腊神话传说中,居住在奥林匹亚山上的天神宙斯主宰着整个世界,之所以把他的神殿立在这里,是因为在这里举行的古奥运会同样是实力的较量,获胜者就是力量的象征。看得出古希腊人的丰富想象力!

古希腊留下了很多不朽的传说,像神奇的奥林匹亚竞技运动。这项古老的运动至今还让人们为它着迷、为它感动。

▲古希腊的众神之父宙斯,喜欢变化成各种形状来到凡间,图中是宙斯化作一只鹰,掠走了一位女子

古代奥运会

▲建筑在奥林匹亚山上的帕特农神庙,它与古老的古代奥运会有着密切的联系

考古学家发现在古希腊伯罗奔尼撒半岛西部、皮尔戈斯之东,有遗址东西长约520米,南北宽约400米,中心是阿尔提斯神域,这是为宙斯设祭的地方。从发掘的资料看,这也是古奥运会的遗址——奥林匹亚遗址。

奥运会发源于古希腊,在这个众所周知的古老的国度,体育历史与文化历史同样悠远。

▲从古希腊的陶瓶壁画上,可以看出古希腊的竞技运动有着非常悠久的历史

奥林匹亚传说

奥林匹克运动的起源从有文字记载的历史可以追溯到公元前776年。但在此以前,古奥运会可能已经存在了几个世纪。古希腊是一个神话王国,优美动人的神话故事和曲折离奇的民间传说,为古奥运会的起源蒙上一层神秘的色彩。传说,古代奥林匹克运动会是为祭祀宙斯而定期举行的体育竞技活动。另一种传说与宙斯的儿子赫拉克勒斯有关。赫拉克勒斯因力大无比获"大力神"的美称。他在伊利斯城邦完成了常人无法完成的任务,不到半天工夫便把国王堆满牛粪的牛棚打扫干净了,但国王不想履行赠送300头牛的许诺,赫拉克勒斯一气之下赶走了国王。为了庆祝胜利,他在奥林匹亚举行了运动会。

▶宙斯的儿子赫拉克勒斯,传说他要完成12项任务,这是其中之一——杀死尼密阿的巨狮

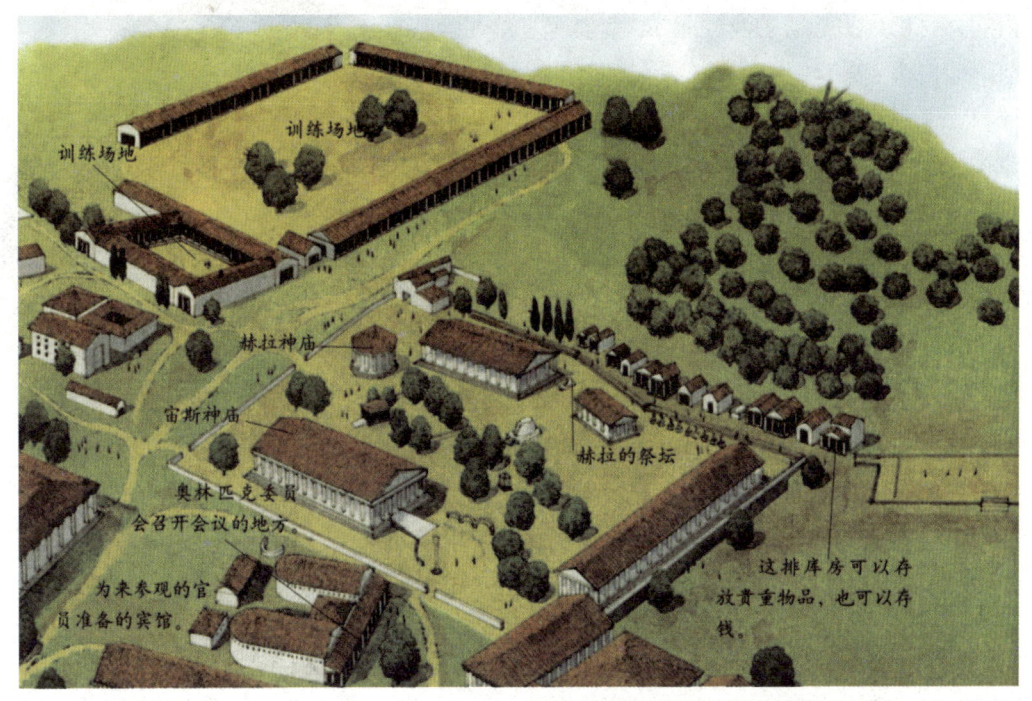

▲奥林匹亚的复原图，详细地描述了当时的情形

战争造就了古奥运会

奥运会的起源，实际上与古希腊的社会情况有着密切的关系。公元前9—前8世纪，古希腊氏族社会逐步瓦解，城邦制的奴隶社会逐渐形成，建立了200多个城邦。城邦各自为政，无统一君主，城邦之间战争不断。

为了应付战争，各城邦都积极训练士兵。斯巴达城邦儿童从7岁起就由国家抚养，并从事体育、军事训练，过着军事生活。战争需要士兵，士兵需要强壮身体，而体育是培养能征善战士兵的有力手段。古希腊诸邦都建有专供人们进行锻炼的练身场，练身场一度成为古希腊诸城邦的标志之一。古希腊的练身场，通常是一大块长方形的场地，场地四周建有回廊。练身场上有跑道，跑道四周有看台，练身场没有屋顶，竞技练习都在露天进行，古代希腊人认为晒太阳是健康的标志，白皮肤则意味着身体不健壮。在古希腊，进练身场也是公民的一种荣誉。

在古希腊，人们崇尚体育运动，所以几乎每个古希腊自

▶奥林匹克运动会项目丰富多彩，这个古希腊瓶画上说的是两个人正在进行摔跤比赛

由的公民都到练身场去受过训练，尤其是那些贵族，他们认为只有到练身场去受过训练的人，才算是有教养的人，否则就要将他们归入做手艺和出身微的人之列。

战争促进了古希腊体育运动的开展，古奥运会的比赛项目也带有明显的军事烙印。连续不断的战事使人民感到厌恶，普遍渴望能有一个赖以休养生息的和平环境。后来斯巴达王和伊利斯王签订了"神圣休战"条约。于是，为准备兵源的军事训练和体育竞技，逐渐变为和平与友谊的运动会。

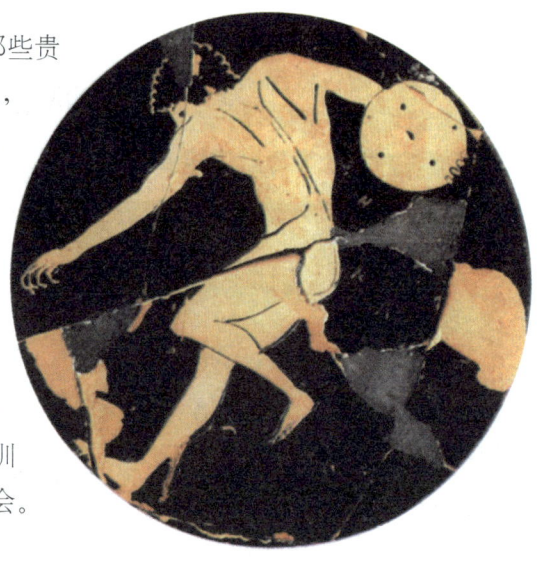
▲圆形陶杯上的投掷铁饼者，上面人物非常专注地进行比赛

古奥运会是繁荣的

古代奥林匹克运动会基本上是每四年举行一次，这一周期被称为"奥林匹亚德"。按此周期算，则从公元前776—公元394年间，经历了1170年，共应举办293届；但实际上召开的次数要少得多。不过，古代奥运会有规定，一个"奥林匹亚德"为一届，不管举行与否，次数照算。古奥运会初期，竞赛项目不多，所以前22届比赛时间仅一天。后来随着比赛项目增加，又延长为两天。从第37届增加少年比赛项目后，时间又延长到五天。其中第一天是开幕式，举行献祭和宣誓仪式，第二、三、四天是比赛的具体内容，第五天是闭幕式，进行发奖和敬神活动。

最初的奥运会比赛是在奥林匹亚村的阿尔提斯神域内进行的，后来在神域的东北角修建了一块长方形运动场，周围有依天然地形修成的看台。运动场跑道宽32米，每次可供20名选手同时比赛，长为192米。起跑线用石条铺成，上面刻有两道平行的小槽，供运动员起跑时使用。古代奥运会不仅是一种竞技大会，在它延续1000多年的时间里，实际上是古希腊人的一个全国性节日。

"神圣休战"宣布之后，成千上万的人便向奥林匹亚涌去。在那里，各城邦的代表参加祭祀活动和游行；政治使节缔结条约；艺术家展出作品；学者和教师研讨学术；雄辩家发表演说；商人展售商品；人们穿着最华贵的衣服，带着最珍奇的珠宝，彼此炫耀自己的富裕。各城邦派出的优秀选手则在竞技场上奋勇拼搏，他们赤身裸体进入赛场，向神和观众展示

◀公元前510年的古希腊表现体育竞技的浮雕

▲基督教的传入，导致了古奥运会的消亡

他们超人的体能、健美的身体和良好的教养。

奥运会的盛况大大超出了竞技比赛的范围，它是古希腊宗教、政治、经济和文化的重要组成部分，起到了推动政治交流、促进贸易发展、繁荣古希腊文化、融合民族感情的作用，它使全古希腊人民在和平的气氛中欢聚一堂，其丰富的内容和壮观的场面，形成了全古希腊最盛大的节日。

铁蹄下走向衰亡

正如一切的辉煌总要归于寂寞，历史的发展不是温情脉脉的，而是充满了铁一般无情的规律。罗马帝国统治古希腊后，古代奥运会就渐趋没落了。起初虽仍举行运动会，但奥林匹亚已不是唯一竞赛地了。例如，公元前80年第175届奥运会，罗马帝国就把优秀竞技者召集在罗马比赛，而奥林匹亚只进行了少年赛。这时职业运动员已开始大量出现，奥运会成了职业选手的比赛，古希腊人对之失去了兴趣。公元2世纪后，基督教统治了包括古希腊在内的整个欧洲，倡导禁欲主义，主张灵肉分开，反对体育运动，使欧洲处于一个黑暗时代，奥运会也随之更趋衰落，直至名存实亡。

公元393年罗马皇帝狄奥多西一世宣布基督教为国教，认为古奥运会有违基督教教旨，是异教徒活动，第二年宣布废止古奥运会。公元426年狄奥多西二世烧毁了奥林匹亚建筑物的残余部分。公元522、511年接连发生的两次强烈地震，使奥林匹亚遭到了彻底毁灭。就这样延续了1000多年的古奥运会不复存在了。

盛极一时的古代奥运会渐渐湮没在历史的尘埃中，但奥运圣火所传达的和平、威力、勇气等信念并没有随着时间的推移而消失，尤其它所体现的人类的基本价值，即用一种公平、和平的方式，不断超越别人、超越自己，会永远被人们不断地继承和发扬光大。

奥运会重获新生

人类一切美好的信念，

▶经过战争、火灾和地震，延续千余年的奥林匹亚变成了一片废墟

▲雅典已经变成了现代奥运会的象征

总会不断在历史上空闪耀。在沉寂1000多年以后,圣火再次点燃了。1892年11月25日,顾拜旦在"法国体育联合会"成立3周年的纪念大会上,发表了题为《复兴奥林匹克》的演说,他第一次正式提出了创办现代奥运会的倡议。1894年4月16日巴黎国际体育会议胜利召开,6月23日,大会通过决议,成立国际奥林匹克委员会。会议规定法语为国际奥委会的法定语言,沿袭古奥运会传统,每四年举行一次运动会。第一届奥运会原拟1890年在巴黎举行,后来考虑古希腊为古奥运会发源地,在古希腊举行比在巴黎意义更重大些,大会决定把第一届会期改在1896年,鉴于古奥运会遗址奥林匹亚已成一片废墟,会址改设在古希腊首都雅典。可以相信,奥运会所代表的理念将传播到世界的每一个角落。

现代奥林匹克之父顾拜旦

勒巴龙·皮埃尔·德·顾拜旦(Lebaron Pierre De Coubertin)1863年1月1日出生于法国巴黎的一个贵族家庭,在家排行第4,也是最小的孩子。1471年,他的一位先祖得到了国王路易十一授予的贵族称号。他的父亲夏尔·德·顾拜旦是个颇有名气的水彩画家。他的母亲玛丽也是贵族后裔。顾拜旦从他父母处继承了大笔的遗产。1896—1925年任国际奥委会主席,他终生倡导奥林匹克精神,被誉为"现代奥林匹克之父"。

顾拜旦不但是一个杰出的国际体育活动家,而且还是一个卓有成就的教育学家、历史学家。他一生著有《1870年后的法国史》《教育制度的改革》《英国教育学》《运动的指导原理》《运动心理之理想》《体育颂》等著作。其中,最有名的是他在1912年斯德哥尔摩奥运会期间发表的《体育颂》,并因此而获得该届奥运会金质奖章。

在法国,有以顾拜旦命名的街道、体育场馆。在法国国家奥委会的大厅里,矗立着顾拜旦的铜像。1999年12月17日,他获得由《奥林匹克杂志》评选的"世纪体育领导人"称号。

人神共庆的狂欢

在奥林匹亚,宙斯神庙名气最大。宏伟气魄、技艺精美的雕刻建筑,虽然现在已经不能看见它当初的容貌了,但考古学家一致认为它绝对是最伟大的建筑之一。

古希腊神话传说中,居住在奥林匹亚山上的天神宙斯主宰着整个世界,之所以把他的神殿立在这里,是因为在这里举行的古奥运会同样是力量的较量,获胜者就是实力的象征。古希腊人的想象是多么丰富。

▲古希腊化时期的宙斯祭坛遗址,现在已看不到当时的景象了

古希腊人在伯罗奔尼撒半岛西部的奥林匹亚举行盛大的祭祀。他们进献上整只的牛羊作为祭品,市民们身穿节日的盛装,载歌载舞,欢庆宴饮,同时还要进行短跑竞赛活动。

古奥运会力与美的派对

公元前 776 年时,古希腊规定每隔 4 年在奥林匹亚举行一次竞技大会。这届奥运会就是有文字记载的第一届奥林匹克运动会。

竞技会一般在夏至后第一个望月日开幕,最初会期只有 1 天,公元前 472 年确定为 5 天。会前,由伊利斯城邦选派 3 名纯古希腊血统的使者,在宙斯神殿前举行宗教仪式,点燃圣火,然后分赴古希腊各地通知竞技会的日期和注意事项。各个城邦看到圣火之后,立即停战,并派出使节和体育代表团赶往奥林匹亚。各个代表团在城里竖起一个个帐篷,形成一个热闹的帐篷城。

◀一个男子肩扛一头小牛,参加奥林匹亚的祭祀活动最初赛会的规定，只有纯古希腊血统的公民和自由人才能参赛，还必须是从未受过刑罚，道德上没有污点的人，而且必须是男性，妇女是不允许参加比赛的，甚至都不可以入场观看。从第30届（公元前660年）开始，古希腊大陆全体居民都可参赛；

▲与实际大小一样的青铜雕像，一个少年马师正在进行训练

从第40届开始，古希腊殖民地的居民也可以参赛。

赛会的第一天要先向宙斯举行隆重的祭祀典礼，然后就在宙斯神庙前的草地上举行比赛。竞技项目最初只有200码（大约182米）赛跑一项，这是继承了这项运动赛事的宗教职能。赛跑开始时，所有的运动员赤身裸体并且全身涂满橄榄油，健壮的身体在阳光的照射下熠熠生光，肌肉更富有弹性，更能体现出力量与美的完美结合。据说，最开始的古代奥运会参赛运动员是披着兽皮衣服进行比赛的。在一次比赛中，一个身披狮子皮的选手不慎将狮子皮脱落到地上，可赤身裸体的他却击溃了所有的对手，夺得了橄榄桂冠。这让人们发现裸体更能体现肌肉的健美，更能感受到力量逼人的光辉，于是赤身进行比赛就渐渐成为了一项规定。

赤身运动是古希腊文化的独到之处，具有悠久的历史。古希腊历史上所说的"力的时代"就是指这一时期。这在古希腊雕塑家、艺术家的作品中均有所反映，他们的作品刻画的都是赤身裸体的人物。当时，肌肉发达、健壮有力，被人们公认为是美的象征。

以后的奥运会又陆续增加了摔跤、五项竞技、拳击、赛马、赛车、艺术比赛、传令比赛、笛手比赛、投标枪、掷铁饼等。运动员们在场上为了自己的荣誉不遗余力地拼杀，观众们则声嘶力竭地欢呼呐喊，整个会场都洋溢着欢庆的气氛和荡漾的激情。而在所有的比赛中，最激动人心的是赛车和赛马。由四匹马拉着的战车，要12次绕经起点的标杆。转弯时，骑手们把缰绳拉得像弓一般紧。而当要到达终点的时候，骑手必须从马上飞身跃下，握紧缰绳，与飞奔的马一起冲过终点。比赛场上，众马奔腾，车轮滚滚，尘雾飞扬。观众如雷的欢呼声伴着轰鸣的车轮声以及骏马的嘶鸣，方圆数十里都可以闻其声，受其气氛的感染。因

◀奥运会期间，妇女不能参加比赛，只能在家里劳动

为这种比赛，需要自己有马，还需要有充足的接受专门训练时间，所以在很大程度上是贵族的游戏。

像神一样受人崇拜的胜利者

在比赛结束以后，在宙斯神庙附近举行隆重的授奖仪式，庄严地宣读各项比赛优胜者的姓名、他父亲的姓名、所属的城邦和出生地名。富有想象力的古希腊人对竞赛的优胜者给予了最浪漫、最神圣的奖赏——冠军们头戴橄榄枝编成的花环，这就是人们常说的桂冠，象征和平与友谊。戴着桂冠的优胜者比国王还要受人们的崇敬和爱戴，有人甚至把他们当作神一样来崇拜。

▲古希腊陶罐上描述的运动员，运动员赤身进行比赛

授奖完毕以后，就开始游行。裁判员走在最前面，接着是本届竞技会的优胜者。他们身穿色泽鲜艳的衣服，头戴橄榄树枝编的花环，手里拿着棕榈树枝。在他们的左右簇拥着僧侣、使节和竞技工作人员。在笛声的伴奏下，他们唱着庆典的歌缓缓前进。人们欣喜若狂地向优胜者欢呼，并把鲜花抛洒到他们身上。

竞技大会的闭幕式上，还要举行"国宴"招待他们。最著名的诗人向他们奉献赞美诗，一流的艺术家为他们在奥林匹亚建造纪念雕像。他们的名字很快传遍了整个古希腊，有的时候还要通过各种方式向国外传扬。优胜者的家乡把他们当作出征凯旋的英雄来欢迎。有的城市还要把城墙打开一个缺口，让他们像征服者那样进城。如果优胜者是雅典人，还可以得到500银币的奖励。

▼古希腊瓶画上描述的赛车运动员驾驶的马车

▲每一个项目比赛的胜利者都能得到奖品——很简单的橄榄枝编成的花环

古老的运动会还树立起了一种优良的运动作风，优胜者得到最高的荣誉，受到普遍的尊敬；而那些在运动会上使用不正当手段进行作弊的人，要被立即赶出竞技场，遭受大家的耻笑。

赛会期间，来自各城邦的艺术家展出自己的作品，诗人吟诵诗歌，哲学家、历史学

◀ 赛会期间，各种生意都非常兴隆，各民族之间的交流也加强了

家发表演说，而商人们则借此谈买卖、定契约，使竞技会同时成为全古希腊思想、文化、经济交流的大集会。古代奥运会是古希腊各民族文化的一部分，它起到了团结各族人民，维护国家统一，减少和制止战争的积极作用，与政治有着极为密切的关系。

奥林匹克运动会是古代希腊生活中一项极为重要的事件。甚至战争也要为运动会让路，最令人难以理解的是，即使在外敌入侵的时候，古希腊人仍把运动会放在第一位。竞赛期间是古希腊全国性的节日，每个古希腊人都把能看到奥运会当作一生中幸福的大事。

▲ 这是获胜后的雅典人得到的银币

▶ 获胜的运动员像，在保存完整的时候应该是头系缎带，头上还有一个花环

古奥运的赞美诗

古希腊著名诗人品达·罗斯为奥林匹亚和奥运会写过赞歌：

水是最美好的，金子也像燃烧的火焰显示着财富的骄傲。

但是，我的心啊，如果你要给竞赛的人们颁发奖赏，

除去那白日光芒四射的太阳，天上没有一颗另外的星星。

没有任何竞赛像奥林匹亚的竞赛那样值得我们歌唱。

古希腊奥林匹亚遗址

考古学家发现，古奥运会的遗址，展现了2000多年前古希腊人已在建筑成就上达到了一个令人叹为观止的高度。在这里，除了祭拜神灵的祭祀台外，运动会用的比赛场、圣火台、沐浴室、资料室、贵宾室、发令台等，一应俱全。可以说，与现代的大型运动会相比，古奥运会的设备不会比现代的少多少。难以想象古希腊的体育运动为什么会有如此高的成就？也许，从被发现的古希腊奥林匹亚遗址中可以看出端倪吧。

奥林匹亚遗址

奥林匹亚位于古希腊伯罗奔尼撒半岛西部的皮尔戈斯之东，阿尔费夫斯河与克拉泽夫斯河汇流处，距雅典370公里。这里气候宜人，景色优美，到处都是橄榄树、桂树和柏树。奥林匹亚是奥林匹克运动的发源地。据历史资料记载，早在铁器时代，多立斯人就在这里建立了神庙。奥林匹克运动正是一种祭神的庆典活动。奥林匹亚有世界上最古老的运动场。以后，奥林匹克运动会虽然改在各国轮流举行，但仍然沿用这一名称，并且在这里点燃各届运动会的圣火。

▲在遗址中发现的建筑物的遗迹——石柱的底座

奥林匹亚遗址东西长约520米，南北宽约400米，中心是阿尔提斯神域，是为宙斯设祭的地方。神域内的主要建筑是宙斯神庙和赫拉神庙，此外还有圣院、宝物库、宾馆及行政用房等。最早的建筑物可上溯到公元前2000—前1600年，其中尤以位于中部的宙斯神庙最著名。神殿东西两山墙上的群像，表现了古希腊英雄珀罗普斯在奥林匹亚赛车和古希腊人与半人半马怪兽斗争的神话故事，是早期古典雕刻的代表作。约作于公元前5世纪后半叶的宙斯巨像，用黄金、象牙镶嵌，传为古典雕刻大师菲迪亚斯（Pheidias）所作，是古希腊极盛时期雕塑的代表，极为宏伟精美，被古希腊人赞为世界七大奇迹之一。东北侧为体育场，四周有大片的坡形看台，西侧设有运动员和裁判员的入场口，场内跑道的长度为210米，宽32米。它与附近的演武场、司祭人宿舍、宾馆、会议大厅、圣火坛和其他用房等共同构成了竞技会的庞大建筑群。

奥林匹亚考古博物馆是古希腊的第一个省考古博物馆。它建

▲陶瓶上描绘的橄榄树的样子，这是和平的象征，也是奥林匹亚的象征

▲奥林匹亚的宙斯神像，这是复制品，原作已经被烧毁

于1883—1886年，在1970年之前，它主要展览从奥林匹亚发掘出来的物品。在修复之后，它用来保存青铜器并举办奥林匹亚的历史展。

宙斯神像

大约在公元前450年，在举办第一届奥林匹克运动会（公元前776年）的古希腊奥林匹亚城，建成了一座巨大的雕像，这就是宙斯神像。宙斯神像所在的宙斯神殿则是奥林匹克运动会的发源地，部分奥运项目就曾经在此举行。遗址位于古希腊西岸奥林匹亚（Olympia）的古城中。

宙斯神殿由建筑师Libon设计，宙斯神像则由雕刻家菲迪亚斯负责。神殿是以表面铺上灰泥的石灰岩建成，殿顶则使用大理石兴建而成，神殿共由34根约高17米的科林斯式支柱支撑着，整座神像及他所穿的长袍都是由黄金制成，他头戴橄榄编织的环，右手握着由象牙及纯金制成的胜利女神像，左手拿着一把镶有闪烁耀眼金属的权杖，上面有一只鹰停留着，而他所坐的宝座则以狮身人面像、胜利女

▲古希腊神话传说中的众神之父宙斯

神及神话人物装饰，该宝座的底座宽6.5米，高1米，神像则约高13米，相当于四层高的现代楼宇，宝座上宙斯头部差不多顶着神殿顶。位于奥林匹亚的神殿于公元5年被大火摧毁。

后来，古希腊人出于安全的原因，决定把它移到君士坦丁堡（今伊斯坦布尔）。但那里也没能最终保住这尊伟大的雕像。据说，公元462年的一场无名大火彻底毁坏了雕像。而在奥林匹亚城只剩下残垣断壁了。

▲宙斯的神像完全地消失了，剩下的只有散落在奥林匹亚残缺的石柱了

古奥运会遗址

在人类文明史的长河中，古希腊人不仅贡献了神话与传说、思想与艺术，在建筑方面也留下无与伦比的丰厚遗产。古奥运会的遗址中的各项设施一应俱全。可以说，与现代的大型运动会相比，在设施上也相差无几。它们像是一帧帧断裂了的记录历史的胶片，记载着当年奥林匹亚的光荣与梦想，也传承着奥林匹克精神的神圣和不朽。公元前776年，在奥林匹亚遗址上，古代奥运圣火第一次在这里点燃。2004年雅典奥运会及2008年北京奥运会的圣火也是在这里采集点燃的。

▲古奥运会遗址留下的阿尔提斯神庙的复原图，这些是古人留给我们的宝贵财富

普罗米修斯盗火

2004年7月10日,雅典奥组委主席扎斯卡拉基,将设在古希腊克里特岛上克诺索斯王宫遗址的圣火台点燃。这就是传说中普罗米修斯将盗来的天火放置的地方,这个优美的神话传说为古奥运会蒙上了一层神秘的色彩。

普罗米修斯,就是传说中那位为古希腊人盗取火种的英雄。这个形象的确立,标志着古希腊人从原始阶段向文明时期过渡。这一盗火图竟然被逼真地"记载"了下来。他是不屈的战士,马克思曾评价其是"哲学史上最崇高的圣者和殉道者"。

普罗米修斯是正义女神忒弥斯的儿子,是众神之王宙斯的堂兄弟,他与智慧女神雅典娜是非常要好的朋友。普罗米修斯用泥土和水雕塑了许多栩栩如生的泥人,雅典娜则向泥人们吹了口气,泥人们便立即有了生命,这就是最初的人类。被造出的人类开始就像一群蚂蚁,整天聚居在漆黑的洞穴里,茹毛饮血,不知道怎么生活,更不知道怎么利用自然。为了帮助人类摆脱愚昧,普罗米修斯经常来到人间,他教人类盖房子;教人类观察日月星辰、分辨四季和计算时间;教人类饲养牲畜来为自己服务,于是人类在他这里学会了许多生活的本领。他又教给人类配制药剂的方法,使人类解除痛苦,祛除百病。

尽管普罗米修斯为了造福人类呕心沥血,然而众神之王——宙斯却不关心普罗米修

▼克里特岛上传说中放置天火的遗址

斯新造的人类，他只想做人类的主宰，要人类给他进贡大量的财富，可是人类并不富裕，交不出规定的东西，此时聪明的普罗米修斯总能用智慧帮助人类逃避沉重的苛捐杂税。而这一切被宙斯知道后愤怒万分，他决定要惩罚人类和普罗米修斯。于是宙斯拒绝向人类提供最后的一件礼物——火。宙斯认为不应该给人类太多的帮助，否则不但无法统治人类，而且人类最后还会征服宇宙，威胁神的权威。不管普罗米修斯对宙斯怎么劝说哀求，最终人间还是没有得到天火。于是他决定自己亲自去盗火送给人间。当太阳神从天上飞驶过，他用树枝从那里盗得了火种给了人类。从此人间便有了火，而"天火"一来到人间却再也无法收回到天上去了。火给人间带来生活质量的空前提高，人们从内心深处感谢普罗米修斯的胆略和功绩。

▲古希腊人民用这种方式表达对普罗米修斯的尊敬之情

人间熊熊的火焰升入天空使众神之王宙斯大发雷霆，他决定对人类进行报复。他用美人计将潘多拉魔盒里面的灾难与罪恶投放到人间，从此以后，地面、空中和海洋里失去了平静，人间到处充满了各种各样的灾难和痛苦。接着，宙斯又对普罗米修斯进行了报复。他命令火神赫维斯托斯把普罗米修斯拖到高加索荒无人烟的地方，给他戴上沉重的铁链，并把他吊在悬崖上，让他上不着天，下不着地，并派了凶猛的鹰去啄食他的肝脏，使他长期受着难以忍受的折磨。不知道过了多少年，大力神赫拉克勒斯知道了这件事，出于义愤搭救了普罗米修斯。

▲神话传说中的智慧女神雅典娜的形象

普罗米修斯的事迹感动了世人，后来人们为了纪念普罗米修斯这位英雄，在燃起"圣火"之前，必须向他祭祀，于是古代奥运会规定在开幕前必须进行隆重的点火仪式。这就是古代神话和现实英雄主义相结合产生出来的"圣火"，奥运"圣火"的由来和意义就这样被古希腊人浪漫地奠定了下来。古希腊埃斯库罗斯为了让世人永远记着这位英雄，他创作了《被缚的普罗米修斯》，以歌颂其不畏强暴、牺牲自己、造福人类的光辉典型。英国诗人雪莱也创作了诗剧《解放了的普罗米修斯》。在普罗米修斯这个传说诞生几千年的历史过程中，世上不知有多少艺术家在传诵着他的故事。家喻户晓的奥运点火仪式，以其最隆重的方式赞美他的伟大精神。

为了表现人类取得了火的胜利，同时也表明这个斗争的艰巨过程，古希腊人创造了普罗米修斯的伟岸形象。普罗米修斯这个形象标志着古希腊人从原始阶段向文明时期的过渡。

"奥运"已有近3000年的历史了，而"奥运会"现在又成为全球公认的超级"文明游戏"，"奥运会"旺盛的生命力值得世人去特别关注。它是古希腊人民智慧的结晶，也是他们争取自由的真实写照。

▼普罗米修斯帮助人类对抗灾难

▲古希腊出土的一个酒杯，艺术家在上面描绘了人们正在演奏为了感谢普罗米修斯而创作的音乐

《解放了的普罗米修斯》

不幸的普罗米修斯解除苦难的一天终于来到了。在他被吊在悬崖上，度过了漫长的悲惨岁月后的一天，赫拉克勒斯为寻找赫斯珀里得斯来到这里。他看到恶鹰在啄食普罗米修斯的肝脏，便取出弓箭，把那只残忍的恶鹰一箭射落。然后他松开锁链，解放了普罗米修斯，带他离开了山崖。但为了满足宙斯的条件，赫拉克勒斯把半人半马的肯陶洛斯族的喀戎作为替身留在悬崖上。喀戎虽然可以要求永生，但为了解救普罗米修斯，他甘愿献出自己的生命。为了彻底执行宙斯的判决，普罗米修斯必须永远戴一只铁环，环上镶上一块高加索山上的石子。这样，宙斯可以自豪地宣称，他的仇敌仍然被锁在高加索山的悬崖上。

◀《被缚的普罗米修斯》成为古今艺术作品取之不尽的创作源泉。图中凶猛的鹰正在啄食他的肝脏

古希腊妇女不许竞技

在对古希腊妇女的医学研究中发现，古希腊妇女的骨骼要比同一时期的东方妇女甚至是西方其他地方妇女的骨骼粗壮得多，这是为什么呢？文献中也没有关于这方面的记载，联想到古奥运会，科学家们分析，在古希腊时代，是否和妇女们参与体育运动有关呢？要了解这些，首先必须研究在古希腊时期，妇女们的活动是怎么样？她们是否有权利去参加奥运会？

古希腊女人们

在古希腊的历史上，奥林匹克节日是人们在崇拜主神宙斯的名义下，举办的至高无上的盛会，他们深信宙斯是"人类和神灵之父"。古希腊奥运会除了体育竞技，还掺杂着一些文化、经济和政治活动，但是从其整体上看，它被看作是男性力量的象征，他们显示了人类无限的体能、技能和美。然而，在古希腊1170年的奥林匹克运动史上，女子是被禁止参与奥运会比赛的，否则，她会遇到上断头台的严厉处罚。观看和参与体育盛会被看作是男人们的特权，甚至在日常体育锻炼中，这一观念也根深蒂固。

运动会的参加者仅限古希腊的公民和自由人，奴隶、外国人、妇女无权参与。对妇女要求尤为苛刻。古希腊人认为，古代奥运会与妇女无缘，当时规定：女子不能参加或观看体育比赛，违者要受

▶"胜利女神"像。这一时期妇女的雕像，真实反映了希腊女子自信、富有活力和激情的身体

法律制裁，甚至处以死刑。之所以有此禁令，一是古希腊体育竞技活动是宗教庆典仪式的内容之一，妇女参加或出席会被认为亵渎神灵，是对神的不敬；二是古奥运会的大部分竞赛项目时间长而且要求选手赤身比赛，妇女观看有伤风化。一旦被发现有偷看者，或被从悬崖绝壁上推下摔死，或被沉于阿尔费夫斯河中溺死。

"巾帼不让须眉"的故事

但在公元前396年第96届奥运会上，一个名叫卡莉帕捷莉娅的寡妇，女扮男装，以教练员的身份带着自己的儿子皮西多吕斯参加了拳击比赛。当儿子获得冠军后，她欣喜若狂地跑入赛场热烈拥抱亲吻儿子，结果暴露了自己真实的身份，依照法律被判处死刑。后因其父兄及这次参加比赛的儿子都获得了冠军，加上长老的说情，才得到了特别赦免，成为有历史记载的古奥运会上妇女违禁得以生还的罕见事例。这是古奥运会平民妇女因偷着观看比赛得以生还的唯一例外。

▲由于古希腊禁止妇女观看比赛，她们就只能在家纺线织布进行劳作了

古奥运会虽规定妇女不得参与，但奴隶主贵族阶级中的女性比平民妇女的命运却要好得多。公元前680年，第25届奥运会马车赛列为比赛项目后做出规定：获胜者不是选手本人，而是马匹和车辆的主人；女奴隶主、女贵族或达官贵人的妻女，可雇人参加比赛，并可成为奥运会桂冠的间接获得者。更有甚者，斯巴达极盛时期，斯巴达王阿西格劳斯的妹妹库尼斯卡，依仗兄长的权势，蔑视古奥运会规章，亲自参加四马赛车比赛，并成为古奥运会的第一个女冠军。裁判慑于斯巴达王的权威，只好不了了之。

古希腊独特的习俗

虽然奥运会与古希腊的女子无缘，但是，古希腊的妇女必须接受严格的体育训练，因为古希腊人认为唯有刚强的母亲才能养育勇敢的战士。因此，在斯巴达青年女子结婚前必须练习格斗、赛跑、投铁环和掷标枪，以利于以后能生育健康、结实的婴儿。

▶厄瑞克透斯庙的少女柱反映了希腊女子的姿态端庄的形象

▲女子运动会的举办得益于这位伟大的女神——赫拉

史料还表明,在古希腊著名的奴隶制城邦斯巴达,女孩子可以与男孩同场竞技。但史学家认为,这一现象的出现是城邦为了让女子更健壮,以便为城邦生育更加健康的斗士。一些考古专家还发现,一些证据表明,在上流阶层确实有极少数的女子参与了跑步、游泳、球类和骑马等运动。

然而,直至公元1世纪之前,女子是绝对被禁止在雅典奥运会和其他地方的任何体育盛会中身穿比赛服登台的。古希腊时代女子被禁止参与体育,说明妇女在社会发展中缺乏领导文化、艺术、社会政治活动的力量。

古希腊的奥运会虽然历史悠久,但是妇女并没有真正地参与进去,从这一点可以看出,古奥运会其实只是当时贵族们享受快乐的一种运动而已,是一种政治产物,在妇女没有地位的古代,这是一种必然,也是对女权的一

▶古希腊的妇女从小就要进行锻炼,以便生育更强壮的下一代

◀ 古希腊的妇女只能守在家里，根本没有自主参加活动的自由

种践踏。

"女子奥运会"的产生

人们都知道，古希腊奥运会不允许女子参加，可是你知道吗，古希腊竟然有女子奥运会。

古希腊女子奥运会又称"赫拉运动会"。赫拉是古希腊崇拜的万神之王宙斯的妻子。据传说，赫拉奥运会是古代奥运会创始人珀罗普斯的妻子希波达米亚于公元前6世纪创办的。希波达米亚为自己婚姻的幸福，在酬谢天后赫拉女神时，曾从16个城邦挑选出16名女子在奥林匹亚举办了首次女子竞技比赛。从那以后便逐渐成为定制。和奥运会一样，"赫拉运动会"也是每4年在奥林匹亚圣地举行一次，举办日期约在6月底和7月初，参加者依年龄次序分三组。女子赛跑是"赫拉运动会"的主要项目，赛跑的距离较男子短。年龄最小的女子组赛跑的距离约合32米。

"赫拉运动会"的优胜者和奥运会的优胜者一样，也被授予一顶用神圣的橄榄枝做成的花冠，并能得到一块祭神的牛肉，另外还可在奥林匹亚留下自己的画像。据史料记载，"赫拉运动会"一直延续到公元前146年罗马帝国入侵古希腊之后才中断，前后历史长达450余年。

▶ 罗马帝国入侵后中断了女子运动会的进行

竞技场上的英雄

从考古文献中,我们知道了古代奥运会妇女是不能参加的,究竟是哪些人才能参与其中呢?观看的当然是除了达官显贵,就是一些公民中的男性观众。但真正的参与者——教练员、运动员和裁判,他们又都是些什么人呢?

古奥运会的教练员

古代奥运会的教练员是从效忠城邦和富有战斗经验的老战士中挑选出来的,他们大多在大型竞技会上获得过优胜,并在文化知识、道德修养、医疗保健、营养卫生、训练方法以及心理学等方面有较高水平,因而深受人们的尊敬和信赖。

许多教练员都把古希腊著名医学家和养生家的理论广泛地运用到运动训练中,帮助运动员在大运动量的训练和比赛后,体力得到尽快恢复,以利于提高运动员素质,创造优异成绩。

教练员还要努力把竞技者培养成沉着、冷静、善于控制自己的选手,以便应付竞技场上出现的各种情况。对其训练和管理极为严格。

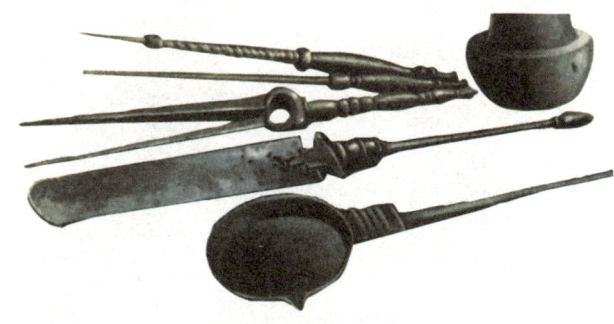

▲这是古奥运会上的医疗保健器械,已经相当先进了

▶古代奥运会上的运动员

▲正在打拳比赛的运动员

运动场上的运动员

古代奥运会有十分鲜明的民族色彩和宗教色彩，所以对运动员的身份有严格的规定：一是必须为纯古希腊人；二是必须为自由人；三是必须为男子。运动员也要在宙斯神像前举行宣誓仪式，他们保证不以非法手段取胜，保证不破坏奥运会规定。当一系列考察合格后，他们的名字就被写在一块木板上，挂到奥林匹亚最显眼处。从这时起，他们便不能以任何理由退出未来的比赛，只能为了夺取冠军而进行不惜一切的拼搏。

神圣的裁判员

古代奥运会的裁判员享有极高的荣誉和极大的权力。他们有以下职责：1．奥运会开始前，提前到伊利斯学习比赛规则；2．按规定对运动员进行资格审查；3．监督运动员训练、讲解运动道德；4．向古希腊各城邦下达"神圣休战"命令；5．带领运动员宣誓；6．组织比赛、决定优胜者和执行判罚。

古代奥运会上的第一个裁判员是德尔法国王依费托斯，以后改为由伊利斯人继承。在奥运会最初的200年间，只设一个裁判员。公元前580年，改为两名裁判员。公元前480年，裁判员增为9人，并从中选出一名裁判长，开始出现了比较明确的分工：3人负责五项竞技，3人负责车马赛，另外3人负责其他比赛。公元前384年，正式确定裁判员人数为10人，不再增减。裁判员要在宙斯神像前举行庄严的宣誓仪式，他们保证不接受贿赂，保证光明正大地履行裁判员的职责。在奥运会上，如对裁判的判决不服，可以上诉，如确系误判，裁判将被罚以重金，但判决不能被推翻。

古奥运会的优胜者在全古希腊极受人们的尊敬和崇拜，冠军的称号不仅给优胜者本人，而且也给优胜者的父母、他所在的城邦带来极大的荣誉。在古希腊人的心目中，获得奥运会冠军称号的人是宙斯神最喜爱的勇士，是全古希腊最优秀的公民，古代奥运会的颁奖台设在天神宙斯像前。对优胜者奖以野橄榄叶编成的桂冠，程序十分隆重。优胜者站在用黄金和象牙制成的授奖台上接受奖品，头戴月桂花环，身着绛红色礼服。手持棕榈树枝的裁判员，用高亢而庄严的声调向公众宣布优胜者的姓名、个人历史、父母姓名、所属城邦国家的名称以及他们在本届运动会上获胜的项目，并同时向优胜者授予一枝棕榈树叶。随后优胜者被观众簇拥着参加各种庆祝活动，成千上万的信鸽腾空而起，直上云霄，把奥林匹克竞技优胜者的英名和功绩传报四方。橄榄桂冠成为古代奥运会的至高奖品，获得它是最高的荣誉。返回家乡的优胜者要受到隆重的欢迎，城邦政府还要给优胜者丰厚的待遇，如免除一切赋税，终身由国家供养，在剧场保留最好的位置等。因此，所有参加奥运会的竞技者都认为比赛的目的就是获得冠军。

为了永久纪念优胜者，奥运会还决定在奥林匹亚神庙区给获得过三次冠军的优胜者塑像。为优胜者塑像的艺术家，不少人是古希腊最杰出、最伟大的雕塑家。

古希腊人对一些特别健美的优胜者敬之如神，民间有疾患，都去求救，对优胜者的崇拜达到了登峰造极的程度。

▲在神庙中奥运会冠军的雕像

总之，在1000多年的奥运会历史上，由于主要竞技项目大部分与军事有关，因此，比赛对抗性强、竞争激烈，有的项目甚至出现伤亡事故，这就需要有善于指导的教练员、英勇善战的运动员、经验丰富的裁判的共同参与，这样才能保证奥运会的圆满举办。

奥运会体现勇敢、强壮和健美，体现古希腊人崇高的理想和追求，是留给后世宝贵的体育遗产。

奥林匹克理想

"奥林匹克理想，在我们心目中是一种强烈的身体文化概念，它一方面基于骑士精神，这就是你们体面地称为'费厄泼赖'；另一方面基于美学概念，即对美与优雅的崇拜。"

——奥林匹克运动奠基人皮埃尔·德·顾拜旦

奥林匹克主义是增强体质、意志和精神并使之全面发展的一种人生哲学……

奥林匹克主义谋求把体育运动与文化教育融合起来，创造一种在努力中求欢乐、发挥良好榜样的教育价值并尊重基本公德原则为基础的生活方式……

奥林匹克主义的宗旨是使体育运动为人的和谐发展服务，以促进建立一个维护人的尊严的、和平的社会……

——《奥林匹克宪章》

第七章
湮没的克里特

克里特遗址的发现给了科学家们更多的启示。这个新石器文化遗址约始于公元前6000年，之后发展平稳，居民多居洞穴中。公元前2500年后，青铜器逐渐增多，匕首占很大比重。约公元前2000年，克里特出现了最初的国家。克里特文明的最大特征是宫殿的修筑产生，每个城市国家多围绕王宫而形成，宫廷是国家的经济、政治和文化的中心。当年，克里特发生地震，由于天灾人祸，各地王宫多遭到过破坏和进行重建，也造成了克里特文明以后的离奇失踪。

克里特文明向人们揭示了那个时代科学的发展水平，也留下来了很多美好的东西：先进的文化、神奇的艺术等。从克里特岛上挖掘出的陶瓶壁画无不透着克里特人的聪慧和才智。神秘的克里特岛已成为学者们研究的重点所在，他们都想发现"克诺索斯"迷宫的奥秘。

▲在克里特岛上发现的公牛摔跤场景的陶瓷碎片

神秘的克里特文明

爱琴海岸出土的大理石像"大地母神"和奏琴吹箫者人像,开创了古希腊大理石雕刻的先河,也反映了古代克里特人的生活。克里特人繁衍生息,开始了一个盛世时代。克里特人是如何取得这些成就的呢?这就要从爱琴地区的"爱琴文明"说起。

公元前3000年初,古希腊爱琴地区进入早期青铜时代。公元前2000年进入中、晚期青铜时代,先在克里特地区,后在古希腊半岛,出现了最早的文明和国家,称爱琴文明。

古希腊爱琴地区的早期居民不是古希腊人,古代希腊作家称他们为皮拉斯吉人、勒勒吉人和卡利亚人。爱琴地区有不少地名以nth、ss为词尾,如古希腊半岛的科林斯、克里特岛的克诺索斯和小亚细亚西岸的哈利卡纳苏斯等。从语言学来说,这种词尾非古希腊语所为,从而说明爱琴地区的原先居民不是古希腊人。学者们称之为地中海民族,他们与小亚细亚半岛的居民大概有较多的联系。公元前2500年后,一批属于印欧语系的操古希腊语的人,从多瑙河流域来到马其顿等地,其中一部分在公元前3000年末分批进入中、南古希腊,与当地居民混合而成为古希腊人。他们都为爱琴文明的发展做出了重要的贡献。

▼出土的驯牛的壁画,看得出克里特人的矫健身手

早期的克里特文化

克里特最早的新石器文化遗址约始于公元前6000年,以后发展较平稳,居民多居洞穴中。公元前2500年后,青铜器逐渐增多,匕首占很大比重。冶金术大概由

▲克诺索斯宫殿中的湿壁画

基克拉迪斯群岛等地传来。石瓶、印章、黄金饰物的制作引人注目。手工业生产的发展导致进一步的劳动分工。商品交换和社会分化形成。从大量的私人印章、豪华的金银首饰和东克里特发现的大型L形建筑来看,在公元前3000年末,私有制已相当发展,而且贫富分化已十分明显。

克里特文化深受西亚的熏陶,也有埃及的影响。公元前2500年左右,来自北非的移民迁至南克里特,与当地居民相混合。从埃及输入了蓝釉陶珠、彩瓶、象牙和装饰品。但克里特文化从一开始就不是对外来文化的复制和模仿,而是加以吸收改造,逐步形成自己的风格。

约公元前2000年,克里特出现了最初的国家。学者们根据这一特点将克里特文化的发展分成前王宫时期(约公元前3000年)、古王宫时期(约公元前2000—前1700年)、新王宫时期(约公元前1700—前1450或公元前1380年)和后王宫时期(约公元前1450或公元前1380—前1100年)。

日渐繁荣的克里特岛

古王宫时期,是克里特文明的形成和初步发展期。从发现的遗址看,最初的国家主要兴起于克里特岛的中部和东部地区,有克诺索斯、法埃斯特、马里亚、古尔尼亚、菲拉卡斯特罗和扎克罗等。其中以克里特岛中部北岸的克诺索斯和中部南岸的法埃斯特最强盛,各为较大的城市,并拥有海港。两者之间有道路相通,纵贯克里特岛。在古王宫末期,大概克诺索斯已统一全岛。按古希腊神话克里特岛有米诺斯王的传说,学者们遂称克诺索斯的王朝为米诺斯王朝,克里特文化也

◀克里特岛上的居民房屋模型、彩陶制品

▲克诺索斯出土的食品储藏室

被称为米诺斯文明。克里特此时出现了欧洲地区最早的文字,初呈图形,后字体逐渐简化为线形,向音节符号演进,人称线形文字Ａ,至今仍未被破译,大概非古希腊语。

克里特岛林木茂密,东部平原适于农耕,农业以种植谷物、橄榄、葡萄为主,除粮食外,橄榄油和葡萄酒也大量生产,王宫特置储藏室以巨瓮存贮油和酒,往往库房连接成行,瓮缸数以千百计,可见油、酒在农业生产和日常生活中的重要。克里特在经济发展方面的主要成就还有工商业和航海贸易。它的手工产品以精巧秀丽著称,铜器和金银制作的日用品和工艺品都相当精美。陶器尤为杰出,古王宫时期生产的一种称为卡马雷斯的彩陶,秀巧可爱、彩绘优雅,被公认为古代世界最精美的彩陶。它的造船业也很发达,商船来往地中海各地,还有相当数量的海军舰只,成为各城市的主要防卫力量,因此克里特的城市和王宫都不设置厚墙高垒,与其他古代文明重视城防建筑完全不同。克里特以其农工产品和地中海各地广做贸易,和埃及的联系尤为密切,所用黄金、象牙、皂石印章和高级奢侈品大都来自埃及。在古王宫时期,埃及中王国第12王朝的文物曾流传于克里特,埃及的影响普遍出现于爱琴文明的各方面。工商业和海运的发达进一步促进城市的兴旺,这是和日后的古希腊文明共有的特色。但克里特一开始便以王宫为政治中心,统一后王权更加强大,王宫建筑越来越富丽豪华,表明它的城市是王朝统治的中心,这是它和古希腊奉行共和政治的城市国家最大差别。

米诺斯建立海上霸权

新王宫时期是克里特文明的繁荣期。此时克诺索斯的米诺斯王朝不仅统治克里特岛,还包括基克拉迪斯群岛,米诺斯的商站和殖民点遍及整个爱琴海地区,东达罗德岛和小亚细亚的米利都,西北到古希腊本土的迈锡尼、

▲岛上还发现来自埃及的黄金制成的指套

雅典和底比斯，最西可达意大利的利巴拉群岛。此外，克里特和埃及的联系也更为密切，埃及第18王朝宰相列赫米拉墓中有壁画表现克里特使节奉献宝物，题词称"海中诸岛及克夫提乌大君和平抵达"，表明克里特已和埃及建立友好关系，商业交往更趋频繁。

▲米诺斯人大力发展海上贸易，商业交往频繁

海外商业的发达和海军的强大使米诺斯王朝建立了海上霸权，被日后的古希腊人传为美谈。古希腊史学家希罗多德在《历史》中称米诺斯为海上统治者，说他"是一个征服了许多土地并且是一个在战争中经常取得成功的国王"。修昔底斯则在《伯罗奔尼撒战争史》中指出："根据传说，米诺斯是第一个组织海军的人，他控制现在古希腊海的大部分。"

米诺斯海上霸权的意义就在于它控制了东部地中海的海运贸易网，它的势力范围形成了一个以克里特为中心，东达罗德岛，西连伯罗奔尼撒半岛的环形带，这些地区和更远的欧洲内陆作为待发展地区都迫切需要和地中海东岸的文明古国，特别是当时最富裕的埃及进行交往，而克里特控制的环形带正好处于两者之间，各方海运皆受其节制，从而使它得以获取欧、亚、非三大洲的资源。

虽然克里特的线形文字A未破译成功，人们对其政治历史和社会结构知之不多，但可肯定克里特文明的创造者和日后的古希腊人不是同一种族。此外，米诺斯王朝统治无疑奴役大量奴隶和农民，与古代东方各国相似。近年还发现克里特保留着以人牲祭神的习俗，反映其社会的奴隶制实质。公元前1450年左右，操古希腊语的人占领了克诺索斯王宫，标志克里特文明的衰落。从此以后，爱琴文明的中心便转移到古希腊本土的迈锡尼地区了。

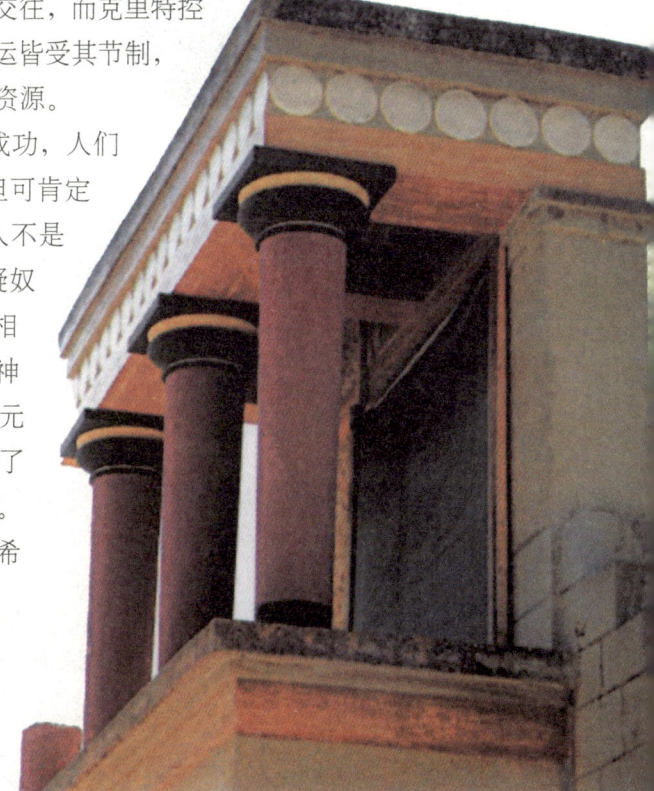

▶克诺索斯宫殿遗址上宫殿修复后的景象雄伟壮观

▲昔日辉煌巍峨的殿堂今日只剩断壁残垣

◀迈锡尼遗址的圆形坟墓

异国风景宁静小城——克里特岛

　　克里特岛（Grete），只能用精彩这个词来形容。伊拉克里翁为旅游天堂，伊拉克里翁（Iraklion）可谓是众多小岛中最有时尚气息最能 shopping 的都市了，不管是 Dikeosinis 商店街、威尼斯广场、1866露天市集，还是散布在街边的小摊档，都可以满足你无穷无尽的购物欲望。

　　距离伊拉克里翁（Iraklion）5公里的克诺索斯（Knossos），是岛上最古老的遗迹，也是古希腊保存最完整的古文物地区。克里特岛最美丽的城市——哈尼亚（Hania），最迷人之处是它那位于旧港边的旧城区。

　　由于在历史上经历过外族的多次入侵，不同的统治，遗留下诸多特色，城市中充斥着拜占庭、奥斯曼土耳其等各式建筑。哈尼亚港口边不仅有成排的餐厅、咖啡馆，还有酒吧以及旧城巷弄间的各式小店，徘徊其中，处处都会让你惊奇赞叹。

米诺斯牛的传说

在离克里特首府伊拉克里翁 5 公里的克诺索斯王宫，被认为就是传说中的迷宫。这座富有传奇色彩的宫殿历史上曾经两度被毁，在地下沉睡了 3000 多年，终于在 1900 年由英国著名考古学家亚瑟·阿瑟·伊文思爵士发现并尽可能将宫殿恢复了原貌。为表彰他的杰出贡献，在宫殿入口处设立了他的头像。

流传后世的古老神话传说

在古希腊神话中，克里特岛上有一位强大的君主——米诺斯，由于他拒绝向海神波塞冬贡献一头公牛，从而得罪了这位大仙。波塞冬施个手段，让米诺斯的老婆爱上了公牛，并扮作母牛与它匹配，产下牛头人身的怪物米诺陶罗斯（Minotaurus，即米诺斯和牛两字合一）。米诺斯把牛头怪看成自己的孩子，但又怕它吞食自己的臣民，于是修建了一座迷宫，让米诺陶罗斯住在里面，并让古希腊人每年献七对童男童女来喂它。当时的古希腊是克里特的属国，老国王爱琴被打怕了，对米诺斯从不敢说半个不字，但让自己国家的孩子们去送死，终究于心不忍，正在矛盾之际，年轻的王子忒修斯自告奋勇，要求去克里特杀死牛怪为民除害。老国王虽舍不得儿子，但又拗不过他，只得派他混在童男之中去克里特喂牛。结果忒修斯不负众望，从与他相爱的克

▼克诺索斯王宫出土的公牛头像

◀人们时常想到那个关于米诺斯公牛的传说

里特公主阿德里安娜的手中得到宝剑和绳球走进迷宫,杀死了牛怪,安全返回了祖国。但他在回程途中兴奋地忘记了挂起约定的白帆,使他父亲以为儿子已死,投海自尽。人们为了纪念国王,从此就把古希腊的外海称为爱琴海。

对牛的图腾崇拜

其实,克诺索斯宫殿并没有想象中那么大,房间较小但错落有致,道路迂回曲折非常复杂,不愧是一座迷宫。阳光下真是看什么都漂亮,尤其是克诺索斯独特的红色柱子,显得格外鲜艳。克里特人看来非常懂得色彩搭配,宫殿里复制的壁画(原作保存于伊拉克里翁考古博物馆)基本上只用红、黄、蓝三种原色,但看上去非常明艳可爱。在众多壁画中,最令人称奇的是王后寝宫里那幅"海豚戏水图":几只小海豚在一群鱼儿中间畅游,构图简单而

◀古希腊爱琴文明时期的文物

鲜为人知的马桶发展史

从远古时代起，人类的"五谷轮回"就是和户外联系在一起的，人们总是去户外解放自己。如果一个人在屋内使用便盆，由于天气和时间的原因，他也会尽可能早地将其倾倒到户外。使用抽水马桶这一方式是对传统的挑战。

人们对抽水马桶是否能始终正常工作抱有很大怀疑。人类处理"五谷轮回"的装置，甚至包括用水冲厕所都有悠久的历史。正如英国考古学家阿瑟·伊文思爵士描述的那样：一块刻有槽纹的厚板为座椅，以及一个有冲厕迹象的容器，这表明原始的抽水马桶在青铜时代克里特岛的克诺索斯宫殿就已被使用了。

生动，极富装饰效果，看着就让人高兴。另外还有一幅"戏牛图"，画面正中是一头壮硕的公牛正在奋蹄狂奔，牛的前后各有一名苗条的少女，而牛背上还有一个倒立的男人，应该是个杂技演员吧。不管画本身表现的是何种场景，有一点可以证实：牛在克里特人的文化和生活中占有举足轻重的地位。克里特人养牛、爱牛、画牛、塑牛（伊拉克里翁的博物馆中藏有许多精美的牛头雕）、崇拜牛，把牛看成自己民族的图腾，连城墙上都建有牛角状的城堞。牛成了整个米诺斯文明的象征物。由此就不难发现有关米诺陶罗斯神话的由来了。牛头怪当然并不是真的存在，它只是一种象征，是整个米诺斯文明的标志，由于牛在克里特的社会生活中实在太重要了，所以牛头人身的怪物成为其标志就是再正常不过的事情了，正如古希腊这个善于骑马的民族在传说中变成了一群人头马身的怪物。从古希腊强抢童男童女来喂牛，很可能是克里特人从古希腊半岛抓来奴隶为他们服务的幌子；而忒修斯杀死牛怪，正象征着一位来自古希腊半岛的圣王对克里特的征服。而忒修斯与阿德里安娜的爱情，也许说明这位圣王是通过联姻进入克里特，然后暴动攫取政权的。不管怎样，米诺斯这一欧洲最古老的文明在公元前1400年前后突然中断，被迈锡尼文明取代，从此永远退出了历史舞台。

高超的艺术

在克里特各个遗址出土的珍贵文物中，其中最著名的是克诺索斯的"牛鬼蛇神"。"牛鬼"指的是一尊金犄角的黑色牛头雕像，代表了米

▲岛上克诺索斯王宫发现的公牛角符号

▲壁画中展现了克里特人的造船技术已经相当发达

诺斯艺术的最高成就,精美得使你不忍离去。"蛇神"是一尊陶质小雕像,表现了一个身材婀娜、袒胸露乳的女子形象,要不是神情严肃,真的看不出是个女神。女神双手持蛇,其形象出现在无蛇的克里特实在是一件怪事。此外,米诺斯文明的另一代表费斯托宫(Phaisto)出土的带花陶瓶也是弥足珍贵的。此瓶实际上是个放大了的高脚杯形状,上面装饰有数朵盛放的百合花,使这件本来很粗重的家伙儿显得非常典雅,在伊拉克里翁的商店里卖的各种馆藏复制品中,独缺此件,可见其做工之精,连造假也难。还有萨克罗(Zakro)出土的水晶尖底瓶,晶莹剔透、小巧玲珑,十分可爱。在金银饰品中,一个表现两只蜜蜂交尾的小金饰是此中的极品。当然,还有各式各样的绘有丰富花纹的陶瓶陶罐、刻有无人认识的线形文字的陶盘、雕有各种图案的印章、造型各异的陶俑、各式青铜器等,都可以使你由衷赞叹古人的聪明才智。千万不要忘记克诺索斯壁画,尽管后人补画的部分颇多,但这些画的美丽还是使人无法抵挡的。

其实,克里特岛的迷宫只是那个时代的产物,再加上一些神话传说,使得本来就让人捉摸不透的迷宫就更加令人感到迷惑了。但是不管怎样,这个传说一定包含了克诺索斯迷宫的某些秘密,至少它是克里特人高度发达文明的一种明证。

◀遗址中出土的雕塑坐俑

神秘的地下迷宫

湮没的克里特文明

古希腊爱琴海有个不显眼的桑托林岛，面积 78 平方公里。岛上有座桑托林火山，海拔 584 米。公元前 1470 年前后，桑托林火山大爆发，喷出物质 625 亿立方米，触发一次骇人听闻的大海啸，巨浪横扫半个地中海，最大波浪高超过 60 米！此后 3000 多年，地球上任何一次海啸都比不上它的凶猛。

这次海啸给地中海地区带来了巨大灾难，古希腊沿海及其岛屿的居民点均遭摧毁，桑托林火山南边 130 公里的克里特岛上的村镇荡然无存。考古学家经过考察，从克诺索斯遗址中发现了很多证据，证明这座宏伟的宫殿确实是在这次海啸中被淹没的。一场突如其来的灾难使得已经有 1000 多年历史的米诺斯文明消失了，克诺索斯王国不复存在。

克里特岛面积 8336 平方公里，是爱琴海最大岛屿。公元前 2600 多年前的新石器时代，岛上已有村落，开始孕育了爱琴海的古代文明。公元前 2000 年前后，克里特岛发展到青

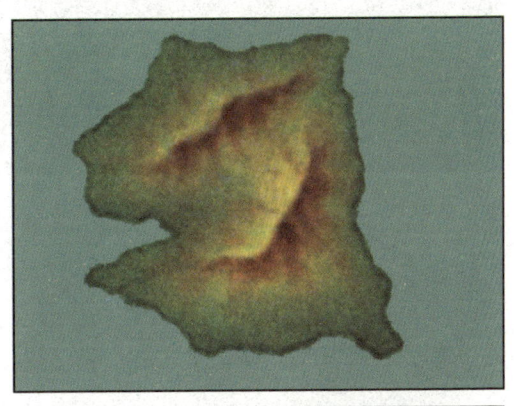

▲火山喷发前的岛屿完整图

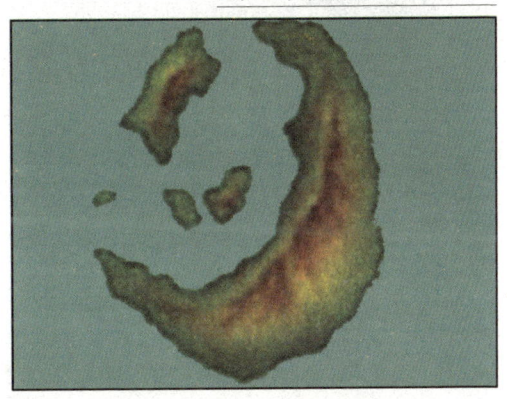

▲火山喷发后的岛屿情况，小岛遭到了严重的破坏

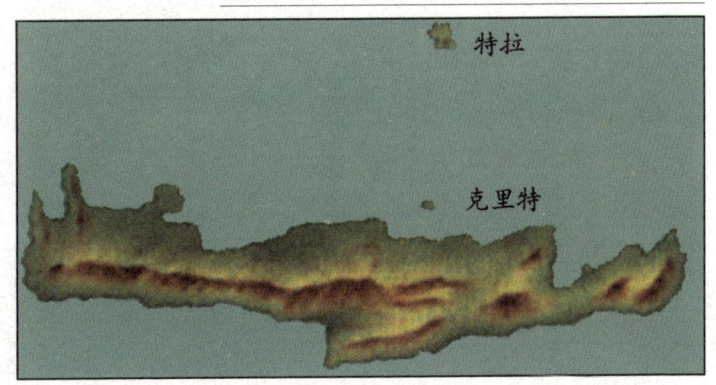

▶克里特岛在爱琴海上的地理位置

▲米诺斯人的房屋遗址，虽已残破，但仍看得出当时建造技艺的高超

铜器全盛时期，以岛北克诺索斯城为中心建立了统治全岛的奴隶制国家。公元前1700年前后，克诺索斯毁于地震。废墟上重建了新城，米诺斯王宫更加宏伟，迷宫名震遐迩。米诺斯文明为古希腊大陆文化的繁荣奠定了基础。

可惜，公元前1470年前后桑托林火山的爆发，毁灭了克里特岛的一切。随着岁月的流逝，城市和宫殿的废墟逐渐被泥沙掩埋了。后来移居岛上的居民，不清楚宫殿的位置。倒是一些外国学者，从史籍的片言只语中，知道远古有个克诺索斯城，城中有座美丽而神秘的迷宫。这个谜存在了3000多年，以各种神话和民间传说传播于世界各地。

▲克里特人膜拜的图腾文化

古城中的迷宫

英国考古学家阿瑟·伊文思经过考证，判定该岛首府伊拉克里翁南方7公里的克诺索斯地下掩埋着一座古城。1900年开始发掘。经过8年，清出无数浮土，一座宏伟的宫殿出现在人们面前。其中零散的出土文物，收藏于伊拉克里翁的考古博物馆内。

米诺斯王宫基本完整，坐落在凯夫拉山麓，总面积22000多平方米。宫内装饰有的保持原样，有的略加修补复原。在迷宫核心的国王觐见室，石膏造的御座相当完整。它同现代常见的高背靠椅相差无几。据说，海牙国际法院为了显示其权威，首席法官的座位就是照此御座仿造的。

各个宫室和廊道上为数众多的壁画，集中代表了米诺斯文化的水平。几千年前留下的彩绘至今未褪，

▶狮头羊身蛇尾的怪兽

色彩相当鲜艳，颜料都是植物、矿物和骨螺提炼的，且在泥壁将干未干时挥毫成画，色彩渗入墙壁，故能经久保存。

觐见室的壁画是三只狮头羊身蛇尾的怪兽，伏在芦苇中眈眈恶视。据说此怪的头、身、尾分别代表天上、地面、地下的神灵，是克里特人膜拜的图腾。皇后寝宫描绘着舞女和海豚在水中游荡的图画。长廊上有《蓝色的姑娘》《持杯者》《蛇神》等大幅壁画。

▲在克里特神庙中发现的遗体

不少壁画表现米诺斯王的武功和生活情景。中央庭院南侧宫墙的《戴百合花的国王》，国王图像如真人一般大小，头戴缀有百合花和孔雀羽毛的王冠，过肩的头发往后飘拂，脖挂金色百合串成的项链，身着短裙，腰束皮带，风度翩翩地朝前走去；西宫北墙的《斗牛》富于生活情趣，有如杂技式的斗牛，比今日的西班牙式斗牛，更富于美感。

最近几年，克诺索斯遗址的发掘工作又有新的进展。在清理一座神庙遗物时，发现三具人体骨骼。第一具的腿被砸断；第二具身长180厘米，仰面躺着，双手捂住脸，左手戴有银质和铁质戒指；第三具身长165厘米，置于供台上，台边有一个盆状盛器，附近有一把不到500克重的青铜尖刀。考古学家考证，第一具是祭司的助手（刽子手），第二具是祭司，第三具是被宰杀供祭的青年，尖刀是宰人的凶器，盆器是接血用的。人们对这场活祭悲剧做了合理的推测：公元前1700年前后的一天，米诺斯人进行庄严的祭祀仪式，要将活人的鲜血献给上苍，祈求地震灾难远远离去。就在牺牲者血流尽的时候，大难临头，山崩地裂，屋顶

◀克里特人祭祀时的场面

◀殿堂中出土的双刃青铜兵器

▲约公元前1400年，上面描绘着葬礼的场面，人们正在祭祀

猛然坍塌，覆盖了祭祀现场。

在祭祀现场，还发现了许多放置祭品的陶制器皿，当时必定盛着水果、粮食、牛奶、蜜糖、美酒。殿堂正中的木制神像已被焚毁，剩下木炭底座。离祭台较远地方，还有许多杂乱的骨骼，显然是参加仪式的官员和祭司的随从们，还没有跑出庙堂便被砸死了。

正是从这些陶器和铜刀，科学家们断定了神庙被毁灭的年代，找到了米诺斯时代用活人做祭品的证据。当时，一般祭祀都是用活牲畜，只有大灾难降临时，在绝望的情况下才使用活人。由此可见，公元前1700年前后爱琴海频繁发生大地震是可信的。

迷宫里挖掘出来的文物带给人们很高的科学价值，同时也让人们再一次认识到了米诺斯文明，并对这座充满神秘宫殿的离奇消失唏嘘不已。

伊拉克里翁考古博物馆

到伊拉克里翁，绝不能不参观的考古博物馆，它就在艾列弗瑟瑞亚广场（Eleftheria）旁。全世界收藏米诺斯时期文物之最的伊拉克里翁考古博物馆的重要性及地位，在全古希腊仅次于雅典国立考古博物馆。前往克诺索斯王宫或费托斯之前，先到这里来认识米诺斯文明，可以更深入地游览米诺斯文明的各遗迹。伊拉克里翁博物馆是米诺斯文明的大宝库，收藏克里特岛上米诺斯王宫遗址、城镇出土的古物，包括陶土器皿、壁画、金饰、青铜器具以及精彩的壁画等，藏量丰富可观。

▶在博物馆里展示的壁画上描绘的蓝色猴子

克诺索斯迷宫的消失

在远处暗蓝色的大海上，浮现着一个岛屿，那就是克里特……
米诺斯王住在岛上的克诺索斯城。

——荷马《奥德赛》

克里特岛是古希腊最南端的一个岛屿，它被地中海那绿色的海水环抱，风光绮丽，气候宜人。它静静地接受着海风的吹拂和海浪的拍击，在古希腊那光辉灿烂的历史中，几乎找不到它的位置。终于，考古学家阿瑟·伊文思发现在克里特岛上的遗址并非是孤立的建筑物。它们是一个庞大建筑物的组成部分，就是后来考古学家所称的"宫殿群"。后来被证实这就是克诺索斯王宫，一个代表西方文明的王朝，这个王朝身上还有许多未解之谜。

克里特王朝

克里特岛的米诺斯王宫的发现，将欧洲文明的起源提早了整整1000年。然而，米诺斯文明究竟从何发展而来，又怎样变得无影无踪？克里特王朝的兴亡，谁又能破解这桩历史的悬案？

古希腊产生并流传着许多优美的神话，克里特王朝米诺斯牛的故事就是其中最精彩的。勇敢的忒修斯杀死了这个吃人的怪兽，这个神话在克里特长久流传。虽然是神话，但也往往与现实有一定联系。从考古发掘到的资料分析，当时的克里特统治者的确十分凶残，他们不仅对内剥削和压迫奴隶，而且对外进行侵略和掠夺，把搜刮来的大量珍宝藏于王宫密室，供自己肆意享乐。

大约在公元前2300年—前1500年间，克里特王国的文化盛极一时，在最后的一二百年中，正

▶ 克里特岛上的先民曾经建造了雄伟的宫殿

◀描绘忒修斯的古希腊陶片

是米诺斯当权。当时，米诺斯称雄爱琴海，威震雅典，是联系欧、亚、非三洲先进国家的纽带。米诺斯充分利用了这一优越的地理位置，发展造船业，并建立了强大的舰队，这是世界上最早的一支海军。米诺斯所向披靡的舰队，使他的国家与埃及、叙利亚、巴比伦、小亚细亚等区域保持贸易来往，并成为他建立海上霸权进行扩张和殖民的威慑力量，爱琴海诸岛纷纷向米诺斯称臣，雅典也得向他纳贡。无疑，克里特岛是欧洲古文明的发祥地之一。

克诺索斯迷宫

宏大而奇特的米诺斯王宫，经过屡次破坏和重修，内部空间奥妙非凡，确实好像一座迷宫。主体为二层建筑，低坡地的东宫是四层楼，王后寝宫、王族屋室以及包括祭祀室、贮藏库等在内的各种宫室共1700余间。支撑屋面的立柱都用整棵大圆木刨光而成，上下一般粗，极其整齐协调。1400平方米的长方形中央庭院将东宫和西宫连成一体，各个建筑物以长廊、门厅、复道、阶梯连接。国王宝殿、御寝、后妃居室、贮宝库、亭阁等巧妙配置。千门百廊，曲巷暗堂，忽分忽合，前堵后通，神机莫测，确实是座名副其实的迷宫。牛怪之说不一定有，但米诺斯王残暴成性，怕人暗算，造一座刺客进不来的王宫供己享用，倒是合乎情理的。据说设计师代达罗斯在工程完毕后，自己也陷入迷宫出不去了。王宫的中间是个长方形庭院，四周建有国王宝殿。一条条长廊、复道和一扇扇重

▲王宫密室中出土的青铜匕首

▲用米诺斯先进的技术制造的8字形盾牌

门,将整座建筑物连接在一起。

　　房屋和院落之间曲折多变,多级石造楼梯又使楼上楼下变得高低畅通、错落有致,难怪人们不由得眼花缭乱。初次进宫,真是很难按原路复出。现存的这座王宫被证实是建于公元前1000多年的"第二王宫时期",因为它是克里特岛北部克诺索斯城中的第二座王宫,坐落在凯夫拉山的斜坡上,占地2万多平方米,为多层平顶式建筑,宏伟壮观,被认为是米诺斯灿烂文化的代表之作。

　　奇怪的是,克里特岛上所有的城市,突然在同一时间全部被毁坏了。不久,这个古老的海上霸国便从地球上永远地消失了。

　　据说克诺索斯宫殿群是在公元前1380年时被大火烧毁的。无人知道这场大火的起因,也许是地震或内战,或是外来强国入侵。但是比较确切的说法是克诺索斯宫殿毁于一场火山喷发。有一种推测认为,地震可能先发生,使米诺斯人有时间离开克诺索斯宫,驾船逃跑。后来他们可能被海啸淹没。

　　虽然事情发生的具体经过不得而知,但这次灾难标志着米诺斯文化湮没的开始。克里特岛米诺斯无敌的舰队顷刻间化为乌有。

　　就这样,一个古老的文明社会消失了。克里特王国被人们遗忘了,只留下了一些神秘的传说。克里特文化的兴亡,至今仍是考古学中令人费解的难题之一,它的神秘面纱远远未被完全揭开。

▲在遗址中出土的古希腊战士的装饰

▼克里特岛在古希腊地图上的位置图,人们现在还未完全明白岛上的克诺索斯王朝神秘消失的真实原因

克诺索斯的消失

　　在公元前2000年—前1450年间,地中海克里特岛上的克诺索斯王宫是米诺斯文化的中心。在克里特岛以北的约110公里处有一个火山岛,即桑托林岛(现称锡拉岛)。

　　大约在公元前1450年,在桑托林岛和克里特岛发生了若干次破坏性极大的地质变动。人们不知道这些变动是间隔几年才发生,还是同时总爆发的。但是大家已知道,桑托林岛有过巨大的火山爆发,之后又遭海啸侵袭。桑托林岛上的居民点完全被熔融的岩流毁灭。同时,大量的火山灰云升入空中。而根据一些考古学家的推测,火山灰掩埋了克诺索斯王宫。

迈锡尼文明的兴衰

▲迈锡尼遗址上雄伟的建筑——狮子门

迈锡尼遗址位于山丘之上,入口处是著名的狮子门。在克里特文明时期,城塞尚未出现,但到了迈锡尼时代,就开始出现卫城建筑。这说明当时开始出现频繁的战争。

宫殿建在山丘顶上,现在只留下一些残垣断壁。宫殿大厅中央留下几根石柱子的痕迹,周围墙面上有克里特花纹。遗址的东面有几个蓄水池,据考古学家考证,当时宫殿还建有浴池。迈锡尼是又一个时代的开始,他们的文明足可以和克里特文明相媲美。

迈锡尼统治者入主克里特

迈锡尼人和克里特的米诺斯人不是同一民族,他们的语言属印欧语系,是从欧洲内陆由

▲迈锡尼时期的各个城市图

北而南进入古希腊的。迈锡尼人是古希腊人中最早到来的一支,约在公元前2000年前后定居于伯罗奔尼撒半岛。此时克里特已建立米诺斯文明,古希腊本土的迈锡尼人则比较落后,虽已进入铜器时代,但未建立国家,迈锡尼文明在充分

▼迈锡尼出土的金银丝镶嵌而成的艺术珍品,描述的是围猎的场面

吸收克里特文明的同时，也具有自己的一些特点，如城堡坚固，陆战力强，喜用马拉战车，尚武精神突出等。它作为爱琴文明的一个组成部分，蒸蒸日上，有取代克里特而后来居上之势。到公元前1450年，迈锡尼人可能通过联姻继承等和平方式，得以入主克诺索斯王宫，这是迈锡尼文明发展的关键一步。迈锡尼统治克里特后，既承

▼古希腊国王率领战士冲向战场

袭了克里特掌握的爱琴海商业贸易网的控制权，也全面吸收了克里特文明的遗产。克里特原有的线形文字，则被用来书写迈锡尼语言，形成了迈锡尼线形文字（学术界通称前者为线形文A，后者为线形文B）。此后从公元前1400—前1200年，迈锡尼文明达到鼎盛时期。

迈锡尼城堡

迈锡尼城是迈锡尼文明的中心，位于伯罗奔尼撒半岛东北部。附近还有梯林斯城，是直属于迈锡尼的一个军事要塞。它们构成迈锡尼王国，在古希腊诸国中最为强大。其他著名的王国还有伯罗奔尼撒中部的斯巴达和西部的派罗斯，以及中古希腊的雅典、底比斯等，它们有时组成一个军事同盟联合作战，奉迈锡尼为盟主。考古发现的迈锡尼遗址主要是国王居住的城堡，它的城墙用巨石环山建成，厚达5米，高8米，和克里特王宫建筑全无防御设施迥然不同。城堡有宏伟壮观的"狮门"（以刻有双狮拱卫一柱的浮雕得名），城内建豪华王宫。城堡下面平川地带有广阔的市区，富商大贾和百业工匠居住其间，其繁荣富庶当不亚于克里特的克诺索斯。在海外贸易方面，迈锡尼较克里特也是有过之而无不及。埃及、叙利亚、腓尼基、塞浦路斯以及意大利南部、利巴拉群岛等地都有迈锡尼陶器出土，数量皆超过各地曾发现的克里特陶器。在爱琴

▼这是根据几个城市的考古发现，绘制的议事大厅复原图

▼迈锡尼城复原图，描述了当时的迈锡尼城市情况

▲迈锡尼时期的伯罗奔尼撒半岛

▲迈锡尼要塞梯林斯城的厚重石头墙，建于公元前11世纪

地区和古希腊本土，迈锡尼文明的分布也较克里特文明广泛、众多，现已发现的当地大大小小的迈锡尼文明遗址在1000处以上。

竖井墓王朝的主要文物是发现于迈锡尼城堡内外的两座墓园。园内有众多王族墓葬，内藏丰富的金银陪葬品，其数量之多为世人所罕见（仅其中一墓穴即有870件之多）。工艺水平也很高，其中大多数为克里特产品，也有来自埃及和小亚细亚、叙利亚等地的。这说明迈锡尼王族和贵族可能曾以雇佣兵头领的身份服务于克里特和埃及等地。随着与海外先进文明地区交往的密切，迈锡尼的经济与文化迅速发展起来，国力日渐强盛。到圆顶墓王朝时期，它从尾随克里特而转为与之抗衡的强国了。

圆顶墓不像竖井墓那样只在地下构筑简单的竖穴墓室，而是在地面凿岩和砌石筑成圆形墓室，前有墓道，上覆高冢，室内砌成圆锥状屋顶，形如蜂巢，故又称蜂巢墓。构筑这类陵墓需要较高的石砌技术，它的形式虽源自克里特，在迈锡尼时期规模却日趋宏大。现存最大的一座圆顶墓内高13.2米，墓门高10米，门内过道以一块重达120吨的巨石为盖，可见其工程的艰巨。

破译线形B文字成功

迈锡尼的线形文字B自1952年已被成功破译，证明迈锡尼语言是古希腊语的一支。现存的线形文字B的材料绝大多数都是王室经济文书，对政治历史揭示不多，却提供了经济方面的珍贵信息。这些材料充分说明迈锡尼社会是奴隶制社会。线形文字B中已专有男奴女奴之词，其读音与日后古希腊语中奴隶一词相近。在派罗斯的文书中，有关奴隶数目的一类计有妇女631人，女童376人，男童261人；另一类则计有女奴370人，男女童奴各149、190人。总合两类计数则分别为1268及709人。这里虽未提男奴，但从其他材料看男奴也不在少数。按派罗斯小国的规模和文书反映的个案

▲竖井墓在地面上的墓碑标志

古老的传说

这是个父杀女、妻杀夫、子杀母的残酷故事。公元前13世纪后期,特洛伊王子帕里斯诱拐了美丽的斯巴达王妃海伦。斯巴达国王向兄弟迈锡尼国王阿伽门农求助,阿伽门农遂率领古希腊军队发动了著名的特洛伊战争。出征前,阿伽门农在阿耳忒弥斯的神宇里杀死了女神的宠物鹿,因而触怒了女神。女神提出,只有用阿伽门农的长女的牺牲来祭祀死鹿,才可以被原谅。于是,阿伽门农全然不顾妻子的哀求,杀死长女,奔赴战场。战争持续了整整十年,阿伽门农终于攻陷了特洛伊。当他带着新纳为妾的特洛伊公主回到迈锡尼后,他那等待复仇的妻子便与堂弟私通,密谋要杀死阿伽门农。阿伽门农回国的当夜,举行盛大晚宴,其妻与堂弟便趁此机会将其杀害。八年以后,阿伽门农的儿子长大成人,便与姐姐一起杀死了母亲,替父报仇。

▲后期的陶瓶质量已大不如前

情况,可知当时奴隶数目之多是惊人的。此外,文书中还反映了国王贵族占地甚多、农民占地甚少的情况,农民也受到统治者残酷剥削。这些情况说明迈锡尼社会和克里特一样,近似于东方的奴隶制王国。

迈锡尼文明灭亡

迈锡尼文明从公元前1200年以后渐呈衰败之势。古希腊的神话传说曾模糊提及此时王朝更迭频繁、战乱相继;考古材料也反映陶器质量下降,生产萎缩,而海上盗贼的骚扰使国际贸易大受打击。经济衰落可能迫使统治者依靠武力掠夺,于是各国各城之间的战争也愈演愈烈。其中最著名的一次大战便是古希腊同盟与小亚细亚富裕城市特洛伊的战争。此战打了十年之久,最后古希腊联军虽攻下特洛伊城,实际上却是两败俱伤。得胜的古希腊各国(以迈锡尼为首)无不疲惫不堪,元气大伤,终于摆脱不了"黄雀在后"的厄运。古希腊各国一直难以恢复,这便为北方的多利安人提供可乘之机。他们纷纷南下,攻城略地,逐步征服了雅典以外的中古希腊和伯罗奔尼撒各国,这宣告了迈锡尼文明的灭亡。

▶迈锡尼葬礼的复原图

第八章
古希腊的战争

　　智慧的民族才能创造出光辉灿烂的人类文明,伟大的文明也促成了强大的帝国的产生,这是人类发展的历史必然。虽然古希腊人用他们的聪明才智开创了这样先进的文明,但是如果没有传播出去,也不能对人类社会的进步产生巨大的影响。而这种传播最直接、最有效的方式就是武力征服。

▼战场上的大流士一世

激战马拉松

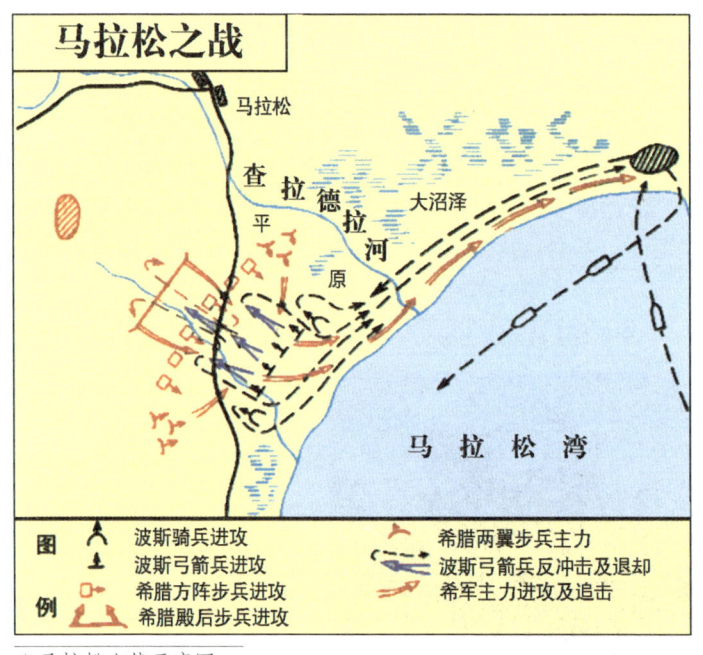

▲ 马拉松之战示意图

"我是居鲁士,宇宙的王,伟大的王,强有力的王,巴比伦的王……世界四方的王……"这样昭示天下的就是波斯帝国的开国君主居鲁士。他从公元前553年开始,只用了3年的时间,就摧毁了小亚细亚强国米底亚,灭亡了古老的底格里斯河和幼发拉底河流域的新巴比伦王国。到第三代——大流士时,波斯帝国已经成为世界历史上第一个横跨亚、欧、非的庞大帝国。

波斯犯境古希腊

公元前492年的春天,波斯想征服美丽富饶、欣欣向荣的古希腊城邦。波斯派出大批战舰入侵隔海相望的古希腊,开始了历史上著名的希波战争。天有不测风云,波斯的海军在海上遭到飓风袭击,300艘战舰,20000多名海军官兵全部葬身海底。波斯的陆军失去海军的呼应,好像一支独臂,遭到色雷斯人的袭击,波斯的统帅也身负重伤。这次侵略古希腊的军事行动不得不半途而废了,波斯国王暴跳如雷。

第二年,波斯王国幻想不战而降服古希腊。他派出使者到古希腊各城邦要"水和土",意思是让他们臣服归顺波斯。

▶ 希腊油画中马拉松战役双方战斗的场面

▲英勇的斯巴达战士在战场上有很强大的战斗力

古希腊中部和北部的小城邦惧怕波斯帝国的武力，都屈膝投降了。但古希腊最大的两个城邦——雅典和斯巴达岂能低下他们高傲的头，雅典人把波斯使者从悬崖抛入大海，斯巴达人把使者丢进井里，让他们自己去取"水和土"。

雅典求助斯巴达

大流士一生也没受到这样的羞辱，他恼羞成怒，决定派最有经验的大将军第二次出征古希腊。公元前490年，波斯大军横渡爱琴海，在雅典郊外的马拉松平原登陆。处境险恶的雅典，一面紧密动员，加强戒备，一面派当时的长跑能手斐里庇第斯日夜兼程去200多公里远的斯巴达城邦求助。这位长跑健将以惊人的速度只用了一天多的时间便到达斯巴达。但斯巴达人却以祖宗规定，月不圆不能出兵为由拒绝出兵。斐里庇第斯苦苦哀求，但斯巴达人无动于衷，斐里庇第斯无奈，只好赶回马拉松复命。

▼著名的长跑能手斐里庇第斯

▲斯巴达的骑兵，古希腊出土的青铜器雕像

全民决战马拉松

雅典人听到斯巴达人不出兵的消息后，他们并不气馁，立即把全体公民组织起来，甚至奴隶也编入军

▲战场上的波斯士兵

队,赶往马拉松,占据有利地形。

按雅典法律,雅典的10位将军在出征期间应轮流掌握兵权,每人一天。采取重大军事行动时需事先经过10位将军商量,最后以少数服从多数原则做出决议。在雅典军事执政官卡利乌斯的主持下召开了军事会议。会上10位将军围绕着是被动防御,还是主动出击的问题,展开了激烈的辩论。一位叫米太亚得的将军主张主动出击。表决时,5票对5票。执政官卡利乌斯支持了米太亚得将军。为了发挥米太亚得的指挥才能,其他将军都自愿放弃自己轮流当总司令的权利,让米太亚得一人全权指挥这场战争。

当时雅典军队有10000人,加上1000援军,总共不过11000人。而波斯军队有10万人,而且装备精良。在敌强我弱的情况下,米太亚得决定不与敌人硬拼,而是把战线稍稍拉长,把精锐步兵安排在两侧,正面战线上的兵力比较薄弱。公元前490年9月12日清晨,大战前夕,米太亚得对古希腊将士做战斗动员:"雅典是永远保持自由,还是戴上奴隶的枷锁,关键就在你们。"他激动人心的话语,激励了士兵们保家卫国的决心。

激战开始了,古希腊士兵发起进攻,波斯军队不知是计,立即反攻。古希腊军队边战边退,波斯军队步步进逼。在千钧一发的时刻,埋伏在两侧的士兵以迅雷不及掩耳之势冲出,从两侧夹击波斯军。波斯军队由于追击古希腊人,战线拉得过长,而陷入古希腊军队的包围,首尾不能相顾,慌忙逃向海边,想上船逃跑。古希腊军队尾追至海边,和波斯军展开夺取军舰的战斗。一位叫基纳尔的古希腊战士,奋不顾身地用手抓住战船,被敌人砍掉了一只手,他忍住疼痛,用另一只手抓住战船,终于和战友们一起夺取了一

▼双方进行了激烈的海上战争

艘战船。在这场战役中，波斯人丢下了6400具尸体和7条战船。雅典人牺牲了192人，其中包括执政官卡利乌斯和几位将军。当天晚上，斯巴达派来的2000名前锋战士赶到时，只看见月光下尸首遍野。

马拉松的胜利

米太亚得急于把胜利的消息告诉正在焦急等待的雅典人民，他又选中长跑能手斐里庇第斯去传送消息。这位长跑能手当时已受了伤，可是，为了让同胞们早点知道胜利的消息，他拼命奔跑，当他跑到雅典城的中央广场时，已上气不接下气，他激动地喊道："欢……乐吧，雅典人，我们……胜利啦！"喊声刚落，他便一头栽倒在地，再也没有醒来。

▲士兵的盾牌，上面图案可以由士兵自己进行选择

希波战争持续了将近半个世纪。马拉松战役是古希腊人和波斯人交锋的第一仗，这场战役极大地鼓舞了古希腊人为自由和独立而战的斗志。

为了纪念这场战役的胜利和表彰尽职尽力的英雄斐里庇第斯的功绩，1896年，雅典人在第一届奥林匹克运动会上，规定了一个新的竞赛项目——马拉松赛跑。距离是马拉松至雅典的距离，根据当年斐里庇第斯经过的路线全程确定为40多公里。斐里庇第斯的名字和马拉松战役随着奥林匹克运动会的圣火一代又一代地留存在人间。

◀古希腊盘子上面描绘的重装士兵

长跑的鼻祖——马拉松

一提到长跑运动，就会想起"马拉松"这个名字。"马拉松"其实是一个平原的名字。正式的马拉松长跑比赛全程为42195公里，通常在公路上进行。由于不同赛道的倾斜度有别，所以马拉松长跑并没有正式的世界纪录，而只有这个项目的世界最佳成绩。

这项赛跑于1896年被列入首届现代奥运会比赛项目，现代马拉松赛的赛跑距离是1908年在伦敦奥运会上首次采用，规定出精确的距离。这一距离于1924年确定为标准的马拉松跑距离。马拉松跑现在已成为一项人们喜爱的运动项目。每年的伦敦马拉松赛吸引2万多参加者。后又兴起半程马拉松运动，其距离为21公里。

血腥的温泉关战役

▲波斯国王大流士一世

异乡的过客啊，
请带话给斯巴达人，
说我们踏实地履行了诺言，
长眠在这里。

这是在古希腊德摩比勒隘口（俗称温泉关）一尊狮子状纪念碑上镌刻的铭文，古希腊人为纪念公元前480年温泉关战役而矗立此纪念碑。温泉关之战是马拉松战役之后第10年，波斯和古希腊的又一次交锋。

"世界军团"

波斯王大流士一世死了以后，他的儿子薛西斯登上王位。薛西斯为实现父亲的遗愿，发誓要踏平雅典，征服古希腊。为此，他精心准备了4年，动用了整个波斯帝国的军力。参加远征的士兵来自臣服波斯的46个国家的100多个民族。有穿着五光十色的长裤和鳞状护身甲、携带短剑长矛的波斯人、米底亚人，有头戴铜盔、手持亚麻盾牌和木棍的亚述人，有用弓箭和斧头作为主要武器的帕提亚人和花剌子模人，有穿长袍的印度人，有穿紧腰斗篷、右肩挂着长弓的阿拉伯人，有穿豹皮或狮子皮的埃塞俄比亚人，他们的武器是棕榈树制的弓、燧石做的箭头，有身穿鲜艳的红斗篷、手拿标枪和盾的色雷斯人，还有帽盔上装饰牛耳、手执皮盾和短矛的高加索各族士兵。波斯军队的人员这样庞杂，武器装备又是五花八门，使这支大军更像一次各族军队和军备的大展览。

"击水过海"

公元前480年春，波斯全军齐集小亚细亚撒尔迪斯，号称500万人，实则30万—50万人左右，分海、

▶公元前330年，古希腊瓶画上的波斯国王薛西斯

陆两路，向古希腊进发。波斯大军走到赫勒斯邦海峡（现在叫达达尼尔海峡），薛西斯下令架桥。两座索桥很快架设起来，埃及人和腓尼基人各造一座。桥刚修好，忽然狂风大作，把桥吹断。薛西斯大为恼怒，不但杀掉了造桥的工匠，还命令把铁索扔进海里，说是要把大海锁住，还命人用鞭子痛击海水300下，惩戒大海阻止他前进的罪过。由此可见他的自命不凡并目空一切。

最后桥还是造好了，不过索桥变成了浮桥。工匠们把360艘战船整齐排列，用粗大的绳索相连。船上用木板铺出两条路，一条走人，一条走骡马。浮桥的两边又装上栏杆，以免人马坠入海中。

▲波斯人建立的浮桥由600艘船组成

这支波斯大军用了整整7天7夜才全部渡过海峡。有个亲眼看到了这一切的当地人惊恐地说："宙斯啊，为什么你变为一个波斯人的样子，并把名字改成薛西斯，率领着全人类灭亡古希腊呢？"

面对来势汹汹的敌人，一向喜欢内部争斗的古希腊各城邦组织了从未有过的联合行动。30多个城邦组成了反波斯同盟，同盟军总统帅由斯巴达国王列奥尼达担任。

渡过赫勒斯邦海峡后，波斯大军迅速席卷了北古希腊，七八月间来到了德摩比勒隘口。该隘口是中古希腊的"门户"，依山傍海，关前有两个硫黄温泉，所以又叫"温泉关"。关口极狭窄，仅能通过一辆战车，是从古希腊北部南下的唯一通道。这时古希腊人正在举行奥林匹克运动会，而在古希腊，奥林匹克高于一切，运动会期间是禁止打仗

▲列奥尼达右手执利剑，左手拿盾牌的英武形象

▼奋勇迎战的斯巴达人在战场上痛击敌人

的。因此，古希腊人在关上布置的兵力只有几千人。当波斯人临近的时候，斯巴达国王列奥尼达仅带了300人来增援。

血染温泉关

波斯大军在温泉关不远的平原扎下大营以

▲斯巴达人在列奥尼达率领下，决心与波斯人血战到底

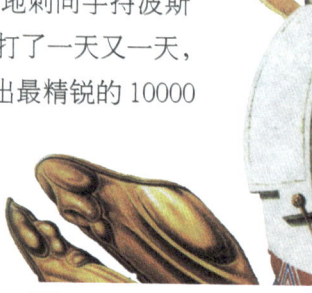

▼古希腊的重装武器

后，薛西斯首先展开了心理攻势。他派人捎信给古希腊守军，说波斯兵多得数不清，光是射出的箭矢就能把太阳遮住。勇敢的斯巴达人哪能被吓着，他们嘲笑说："那太好了，我们可以在荫凉里杀个痛快。"

过了两天，薛西斯又派人去打探古希腊人的动静，回报说古希腊人把武器堆在一边，有的梳头、有的做操，丝毫没有打仗的样子。薛西斯大为奇怪，问询知情者后方知，战前梳头是斯巴达人的习惯，意味着将要玩命血战。薛西斯又耐心地等了四天，见守关的古希腊人没有丝毫投降的样子，便下了命令，用武力活捉这些不知好歹的古希腊人。

由于温泉关地势险要、山道狭窄，部队不能展开行动，骑兵和车派不上用场，薛西斯采取了派重装步兵轮番冲击的强攻战法，企图利用人数的优势打垮斯巴达人。而斯巴达人却利用温泉关"一夫当关，万夫莫开"的地形优势，居高临下，用锋利的长矛凶狠地刺向手持波斯刀的敌人。波斯人倒下了一批又一批，攻打了一天又一天，却没能前进一步。薛西斯无奈，只好拿出最精锐的10000名御林军投入战斗，但除了抛下大片尸体外，还是攻不上去。见此情景，薛西斯急得三次从他督战的宝座上站

▶古希腊战士在战斗中向前勇猛冲锋的方阵

起来，皱着眉头，抖动着胡子，狂躁地吼叫不已。

正当薛西斯无计可施的时候，一个名叫埃彼阿提斯的当地农民来报告说，有条小路可以通到关口的背后。薛西斯一听，大喜过望，立即命令这个古希腊叛徒带领御林军沿着荆棘丛生的小道直插后山。他们穿峡谷，渡溪流，攀山崖。黎明的时候，越过一片橡树林，接近了山顶。本来，列奥尼达在小路旁的山岭上早已布置下1000余名来自佛西斯城邦的守兵。因数日无战事，他们便放松了警惕，直到寂静的黑暗中传来嘈杂的脚步声时，他们才慌忙披挂上阵。波斯人已到跟前，箭像雨点般射来，古希腊人败走了。波斯人也不追赶，直向温泉关背后插了下去。斯巴达王列奥尼达得知波斯军迂回到背后

▲斯巴达武士浮雕像

时，知道大势已去。为保存实力，他把已无斗志的其他城邦的军队调到后方去，只留下他带来的300士兵迎战。因为按照斯巴达传统，士兵永远不能放弃自己的阵地。700名塞斯比亚城邦的战士自愿留下同斯巴达人并肩作战。

前后夹攻的波斯人潮水般扑向关口，腹背受敌的斯巴达人奋勇迎战。他们用长矛猛刺，长矛折断了，又拔出佩剑劈砍，佩剑断了，波斯人拥了上来。斯巴达的勇士们杀退了敌人的四次进攻，拼死保护自己的统帅。他们的人数越来越少，逐渐被压缩到一个小山丘上。杀红了眼的波斯人，将残余的斯巴达人死死围住，在口令声中将雨点般的标枪投向他们，直到最后一个人倒下。至此，温泉关才最终被攻占了。

付出20000波斯士兵生命的温泉关血战，对于薛西斯来说，就像是一场噩梦。一想

到血战到底、宁死不屈的斯巴达勇士,他就心惊肉跳地问:"斯巴达人是不是都是这样的?"

据说,波斯人在打扫战场时只找到了298具斯巴达人的尸体。原来,有两个斯巴达人没有参加战斗。一个是因为害眼病,一个是因为奉命外出。战后,他俩回到斯巴达时,家乡的人都非常鄙视他们,谁也不理他们。其中一个人受不了这种屈辱自杀了。另一个在后来的战斗中牺牲,但斯巴达人还是拒绝把他安葬在光荣战死者的墓地中。

大约在温泉关古希腊守军死战的同时,双方海军在阿尔铁米西昂附近的水面上发生激战,互有损伤。不久古希腊海军获悉温泉关失守,遂退出战场,南撤到阿提卡附近的萨拉米斯海湾。中古希腊的陆海门户都被打开了,古希腊联军首战受挫,雅典岌岌可危。

温泉关战役打击了薛西斯率领的波斯军队的嚣张气焰,遏制了波斯军长驱直入的势头。为雅典城的备战准备了充足的时间,在希波战争中起到了关键的作用。

▲为纪念斯巴达将领列奥尼达领导温泉关战役而建立的温泉关纪念碑

▼古代希腊最强大的城邦——雅典卫城复原图

关于"斯巴达"

古代希腊最强大的城邦中,雅典第一,斯巴达第二。所谓城邦,就是一个国家,它以城市为中心,周围是乡镇。斯巴达位于古希腊半岛南部的拉哥尼亚平原。拉哥尼亚三面环山,中间有一块小平原。"斯巴达"原来的意思就是"可以耕种的平原"。约在公元前11世纪,一批叫做多利安人的古希腊部落,南下侵入拉哥尼亚,他们毁掉原有的城邦,在这里居住下来,这就是多利安人的斯巴达城——不过它既没有城墙,也没有街道。斯巴达人就是指来到这里的多利安人。总的说来,斯巴达的野蛮统治,对当时古希腊的进步力量的发展,起了阻碍作用。

太阳神的预言

▲古希腊时期的三层桨战船

波斯人在攻占温泉关以后,又长驱直入古希腊,直扑雅典城。然而雅典城空空如也,什么都没有。波斯王薛西斯大怒,下令放火烧毁了古希腊这座最大、最富庶的城市。

那么,雅典城的居民都上哪里去了呢?

原来,当时在古希腊,一直流传着太阳神的一个预言:古希腊的命运要靠木墙才能拯救!根据这个预言,有人主张把居民撤到山上去。可是,雅典杰出的海军统帅提米斯托克利对古老的预言有自己的理解。他说古希腊的未来在海上,太阳神所说的木墙就是指大船。因此,他建议所有的妇女儿童都坐船到亚哥斯的特洛辛和本国的萨拉米斯岛上去躲避,所有的男人都乘着战船,集中到萨拉米斯海湾。雅典和其他城邦的人都接受了他的建议。

勇敌波斯军

就在波斯陆军直扑雅典的时候,波斯海军也绕过优卑亚岛,掠过阿提卡,来到雅典的外港比里犹斯。他们水陆呼应,大有气吞山河、踏平古希腊之势。

面对波斯军队的水陆夹击,集中在雅典城南萨拉米斯海湾的古希腊联合舰队发生了动摇。凭这一点兵力能否打败波斯大军,大家毫无信心。有些城邦的人打算把船驶离海湾,去保卫自己的家乡。在这关键时刻,提米斯托克利挺身而出,建议召开军事会议,商讨作战方略。在会上,提米斯托克利慷慨陈词,指出必须把战船集中在萨拉米斯海湾和波斯海军决战,才能取得胜利。他说,波斯战舰虽多,但船体笨重,因此港窄、水浅的萨拉米斯海湾能充分限制其优势,而且波斯水手们也不熟悉海湾水情和航路;而古希腊人正相反,战船体积小,机动灵活,适合在这个狭窄的浅水湾中作战,加上水兵们在本国海湾作战,熟悉水情、航路,能充分发挥力量。因此,提米斯托克利断言:"我

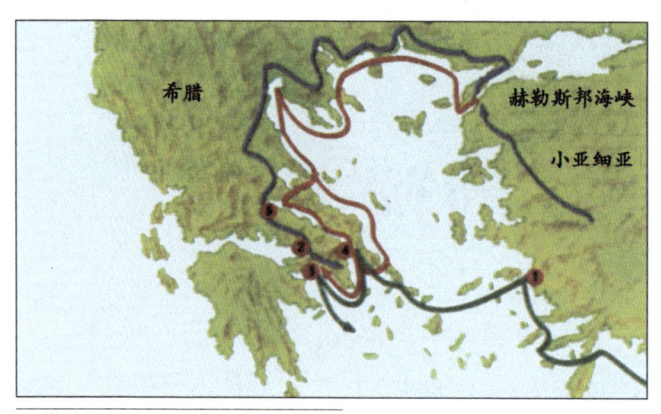

▲萨拉米斯海湾战役战场示意图

们的舰队在窄海中作战,可以以少胜多。如果撤出萨拉米斯湾,在开阔的水面上决战,全古希腊都要同归于尽。"尽管提米斯托克利说得很有道理,军事会议也先后开了两次,众人还是听不进去。

眼看战机就要失去,提米斯托克利焦急万分。突然,他脑际灵光一闪,想出一条妙计:为什么不请波斯人来帮一下忙呢?于是,他叫来自己的一个贴身卫士,交给他一封密信,让他去向波斯王告密,说古希腊海军人心浮动,不敢交战,都想逃出海湾。薛西斯见到密信,十分高兴,立即下令严密封锁海湾,不准放过一条船。

9月23日凌晨,波斯舰队完成了对古希腊舰队的包围。海湾西口,200艘埃及战舰按时到达指定位置,堵住了古希腊舰队的退路;海湾东口,800多艘波斯战舰排成三列,将海面封锁得严严实实。薛西斯志在必得,把指挥权交给海军将领阿拉米西亚,自己在萨拉米斯海湾附近的一个山丘上搭起帐篷,准备悠然观战。站在他身边,手拿纸笔的史官,也正准备如实记录下波斯海军的辉煌胜利。

就在古希腊人为是战还是逃的问题争论不休的时候,一位反对过提米斯托克利的将领突然从门外闯进来大叫:"停止辩论,准备战斗吧!波斯人已经完全把我们包围了。"众人见事已至此,才决心听从提米斯托克利的命令,在萨拉米斯海湾同波斯海军决战。

被逼到绝境的古希腊联合舰队在提米斯托克利的指挥下迅速展开了阵形:科林斯舰队开往海湾西口顶住埃及人的冲击;主力舰队分为左、中、右三队,集中在海湾东口,与波斯主力抗衡。

也许老天爷也有意帮古希腊人的忙。本来古希腊海军只有战船358艘,而波斯庞大的

▶后人描绘的萨拉米斯海湾海战情况

海军拥有1207艘战船。但在战役开始前,由于不熟悉天气、航情,波斯海军在实施包围行动时,先后两次遇到飓风,有600艘战舰葬身海底,战斗力损失了一半。

败走萨拉米斯湾

战斗开始后,双方战舰在性能上的优劣也很快显示出来。雅典的新式三层战舰长40—45米,170名桨手分别固定在上中下三层甲板上。体积小、速度快、机动性强、吃水浅。而波斯老式挂帆战船,体积大、速度慢、机动性差、吃水深。提米斯托克利发挥自己船小快速的优势,机智地指挥雅典战船不断地向波斯战船作斜线冲击,利用船头一根长约5米的包铜横杆,先将敌人的长桨划断,然后调转船头,用镶有铜套的舰首狠狠冲撞波斯战舰的腹部。敌舰就这样一艘一艘地被撞沉。一番激战后,波斯前锋舰队抵挡不住,被迫后撤。而正从后面增援的波斯战舰并不知道战况,他们笛鼓齐鸣,猛往前冲。由于正值顺风,鼓成满帆的后援战舰冲入海湾,正好同后撤的前锋舰只迎头相撞,乱成一团。提米斯托克利见此情景,乘机指挥全军四面出击。波斯舰队进退两难,被冲撞得七零八落,毫无还手之力。海军统帅阿拉米西亚见败局已定,只得狼狈后撤。

波斯王薛西斯在山头上从头到尾目睹着这场海战的经过,无奈地看到波斯战舰沉没,士兵被擒。八个小时的激战,波斯舰队200艘战船被击沉,50艘被俘获。薛西斯万万没想到自己如此惨败,不由得

▼古希腊的辅助部队士兵的装扮

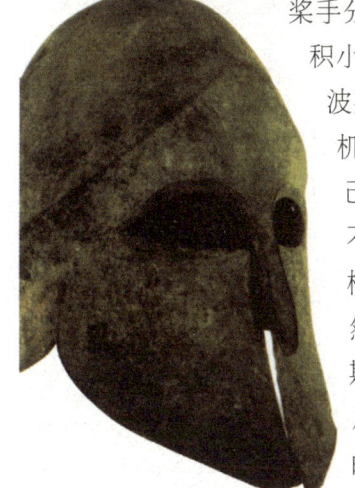

▲斯巴达出土的青铜头盔

◀这种三层桨的战船造价昂贵。在古代,只有雅典和科林斯这样富有的城邦才能将此编入军中服役

▲帕塞波里斯王宫的波斯浮雕

呼天抢地，痛悔莫及。

面对失败的现实，薛西斯不得不开始考虑整个远征军的前途。一来海军战败，陆军基本的后勤供给失去保障；二来古希腊海军可能会乘胜直扑赫勒斯邦海峡（即达达尼尔海峡），截断他的归路。于是，他仰天长叹，命令残存的战舰迅速撤到赫勒斯邦海峡。几天后，薛西斯除留下一部兵力在中古希腊继续作战外，自己率领其余部队退回到小亚细亚。

萨拉米斯海湾之战是希波战争中最重要的一次战役，它扭转了整个战局。第二年，古希腊联军在普拉提亚消灭了薛西斯留在古希腊的那支陆军，大约同时又在小亚细亚米卡尔海角消灭了波斯在那里的残存海军。公元前449年，古希腊军队在塞浦路斯岛彻底打败波斯，双方订立和约，结束了持续约半个世纪的希波战争。

波斯"灵都"

波斯波利斯是古代阿契美尼德帝国的行宫和灵都，兴建于大流士一世在位时的公元前518年。掌握众多附庸国的波斯帝国皇帝，受美索不达亚诸都城的启发，将波斯波利斯建成一座拥有众多巨大宫殿群的建筑城。整个古城巧妙地利用地形，依山造势，将自然之地理形貌和人类之艺术精华完美地融会在一起。波斯波利斯古城遗址已经提供了许多关于古代波斯文明的珍贵资料，具有重要的考古价值。

▼围攻波斯军队的重装士兵的浮雕

对希波战争的评价

人类文明古国之一古希腊,连续不断经历了多少个世纪战乱。公元前492年开始,这里爆发了世界历史上第一次欧亚两洲大规模国际战争——希波战争。这场战争前后持续了将近半个世纪,结果是古希腊城邦国家和制度得以幸存下来,而波斯帝国却一蹶不振。

古希腊,由于地形的限制,许多城邦被山脉分隔着,中间只有极少量的陆上交通,所以每一个城邦小国都以"天下"自居。在兴起的几百个城市国家中,以雅典、斯巴达这两个城邦发展较为迅速和强大。

随着各城邦人口的增多,古希腊人开始向沿海地区移民和殖民。同时,由于本邦粮食生产有限,夺取敌人的庄稼就成了经常性的作战目标。因此,各城邦国家经常发生战争。在斯巴达,男人们都不在家居住,只在营房里准备打仗。每年一次,把男孩们残酷地加以鞭挞,以考验他们忍受痛楚的能力。女孩们必须接受严格的体育训练,希望她们能有较强的体力,遗传给她们的儿女,以便将来守卫城堡。

波斯是古代西亚一个奴隶制国家,它是通过征服而发展起来的大帝国。到大流士统

▼古希腊的地形导致了众多的国家出现

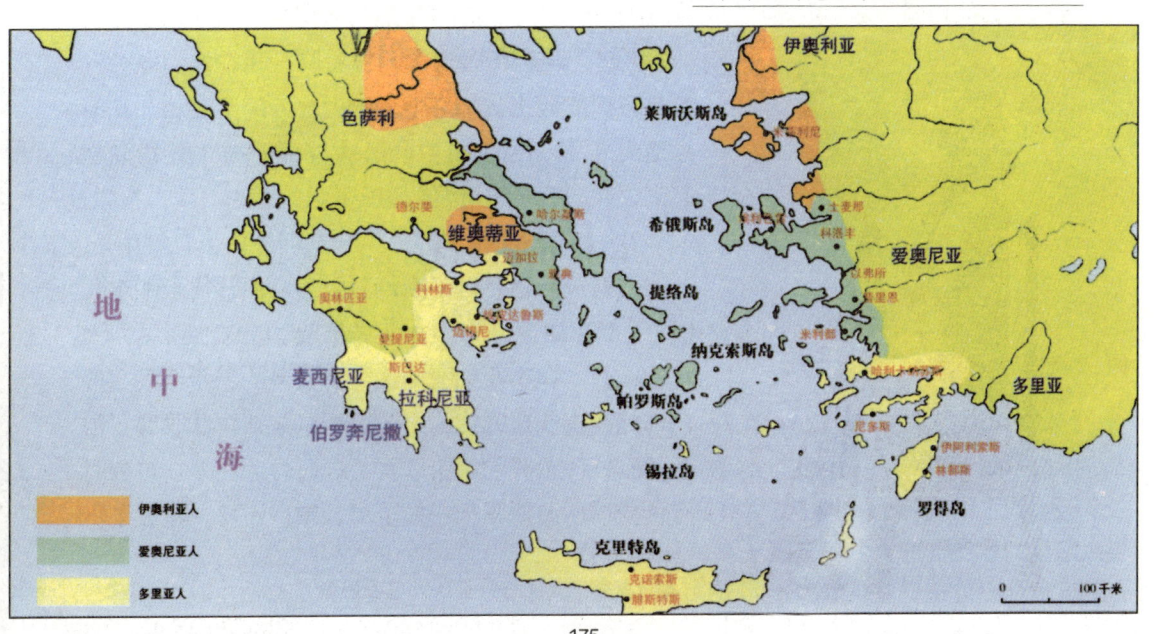

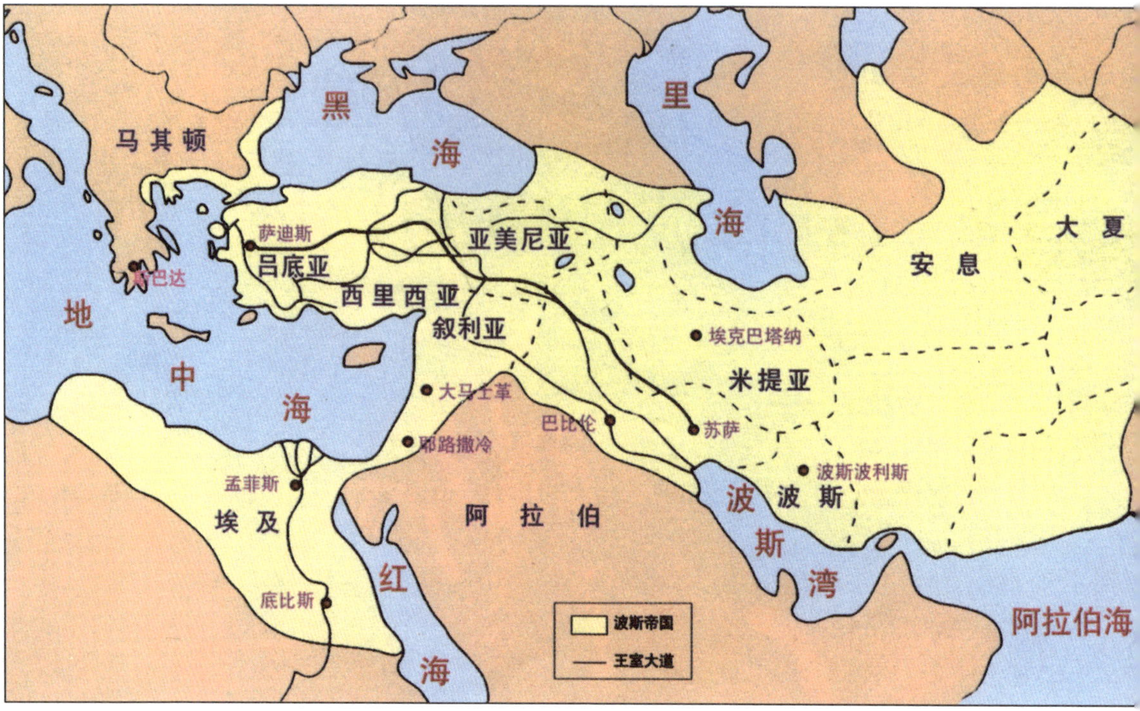

▲波斯帝国的疆域图

治时期（公元前522—前486年），波斯已成为世界古代史上第一个横跨欧、亚、非三洲的大帝国。波斯军队的主要成分是骑兵和弓箭手，有若干个拥有1万人的师团。公元前6世纪中叶，波斯帝国侵占小亚细亚西部沿岸古希腊人建立的各城邦。公元前513年，国王大流士一世进一步控制了黑海海峡和色雷斯一带，直接威胁到古希腊半岛诸城邦的安全与利益。

实力的增强和野心的膨胀，使得波斯帝国终于迈出了征服古希腊的步伐。从公元前492年起，波斯帝国几次向古希腊发兵。他们侵占古希腊城邦的领土，掠夺他们的财物，肆意妄为。在国家遭受外敌入侵的危急关头，古希腊各城邦纷纷联合起来，共同抵抗波斯军队的侵略。

米卡尔角战役

波斯舰队在萨拉米斯湾战败后，便开往米卡尔角（位于小亚细亚，与萨摩斯岛相望）以求波斯主力大军的保护。在小亚细亚半岛上有很多的希腊侨民，他们都处在古波斯的统治之下，所以波斯军队收编了很多希腊侨民组成的希腊联军。同时，为在万一被围时有所凭借，波斯军把船拖上岸，围以石墙，建起了巩

▲波斯国王大流士一世的大理石雕像

固的野营。公元前479年9月，雅典将军克桑西普斯和斯巴达王勒俄提希德斯率领110艘三层舰希腊舰队驶抵米卡尔角，2万名登陆兵（步兵和大部分桨手）在敌野营以东登陆。斯巴达军占领了野营右翼战斗力量所在的山地，雅典军、科林斯军和希腊其他城邦部队占领了野营左翼战斗力量所在的慢坡岸，克桑西普斯部队神速地袭击了向其开来的波斯军队，并将他们击退，然后迅速冲入野营，在临阵倒戈的小亚细亚希腊军的帮助下击溃了波斯军队。波斯军的残余部队只好从野营向山谷逃跑，在那里又遭到从米利都派来的希腊部队的突击，损失惨重。希腊人占领野营后，毁坏了船只和工事。此次交战后，萨摩斯岛、希俄斯岛和莱斯沃斯岛划归希腊城邦。

▲描绘雅典人民战争的浮雕

希腊军在米卡尔角的这场大会战沉重地打击了波斯军，同时，米卡尔角的胜利使被波斯人侵占的一些古希腊人建立的城邦从波斯统治下解放出来。

普拉提亚战役

公元前479年9月26日，以雅典和斯巴达为首的24个古希腊城邦的联军与波斯军队在普拉提亚（希腊维奥蒂亚南部古城邦）附近进行了一次大规模交战。

波斯人于公元前479年侵入阿提卡。由帕夫萨尼亚斯统率的古希腊联军集结在普拉提亚附近阿索波斯河南岸。军事长官马多尼乌斯统率的波斯军则在该河对岸设防。9月25日夜，希腊军为加强与后方的联络，撤离所占阵地。马多尼乌斯把对方的机动视为逃跑，遂发起进攻。古希腊联军的后卫（斯巴达人）虽然损失重大，但仍然击退了波斯人的冲击。随后，古希腊人进行了坚决的反冲击，击溃了马多尼乌斯军队。波斯人退至筑垒兵营，但是却在那里被彻底击溃。同日，波斯舰队在米卡尔角附近失败。古希腊人取得的这些胜利是希波战争的转折点。古希腊人夺得了战略主动权，把军事行动推向爱琴海地区和小亚细亚。

在普拉提亚交战中，古希腊人的

▶在国家处在危急时刻，斯巴达人勇敢地站出来，保家卫国。这张是斯巴达城邦位置图

方阵在缺乏组织的波斯非正规骑兵和步兵的战斗队形面前再次显示出了优越性。这不但让他们在这场会战中取得了胜利，而且为他们即将展开的大反攻埋下了伏笔。

在米卡尔角会战和普拉提亚战役取得胜利后，波斯帝国的军队开始节节败退，这两次战役的胜利使得整个希波战争的形势越来越有利于古希腊城邦国家发展。

▲描述古希腊海战的激烈场面的绘画

波斯军第三次远征失败后，以雅典为首的古希腊联军乘胜反攻。公元前478年，雅典舰队占领赫勒斯邦海峡北岸的重镇塞斯托斯，从而控制了通向黑海的要道。同年，雅典联合爱琴海沿岸各城邦成立提洛同盟。公元前476年，古希腊联军在西门指挥下攻占色雷斯沿海地区、爱琴海许多岛屿和拜占庭。公元前468年，古希腊海军在欧里墨东河口大败波斯舰队。公元前449年，古希腊海军在塞浦路斯岛东岸的萨拉米斯城附近重创波斯军，至此双方同意和谈。雅典派全权代表卡里阿斯赴波斯首都苏萨谈判并签订了《卡里阿斯和约》。和约规定：波斯放弃对爱琴海及赫勒斯邦和博斯普鲁斯海峡（黑海出口）的控制，承认小亚细亚西岸古希腊诸城邦的独立地位，希波战争至此结束。

对希波战争的评价

希波战争是亚洲与欧洲之间的一场规模大、时间长的战争。结果是古希腊获得了自由、独立与和平，雅典一跃上升为爱琴海地区的霸主，控制了通往黑海的要道，夺取了爱琴海沿岸包括拜占庭在内的大量战略要地。古希腊在爱琴海上称霸，对沿岸国家进行掠夺，获得了巨大利益。"人们似乎都一致被唤醒了"，他们纷纷效仿古希腊雅典，大造舰艇和商业船，积极发展海上力量，争夺海上霸权，向海岸国家倾销商品、开辟市场、攫取经济利益。英国现代军事理论家富勒在《西洋世界军事史》中说："随着这一战，我们也就站在了西方世界的门坎上面，在这个世界之内，古希腊人的智慧为后来的诸国，奠定了立国的基础。在历史上，再没有比这两个会战更伟大的，它们好像是两根擎天柱。负起支持整个西方历史的责任。"

◀在雅典的领导下建立了提洛同盟

▲ 宏大的雅典城的遗迹显示了当时爱琴海地区霸主的强大

军事学术研究在希波战争中得到了很大发展。古希腊在战略上确定战争每个阶段，决定战斗地段和主要突击方向，根据战局和力量的对比来决定战争的方法，以及在战争中首创方阵这一著名战斗队形，都对西欧军事产生了深刻的影响。

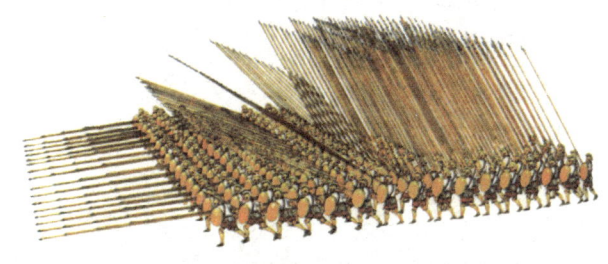

▲ 古希腊创造的战斗方阵

"雅利安人的国家"

波斯，这是一个被人熟知的名称。古波斯的统治范围与今伊朗近乎一致。实际上，波斯只是古代伊朗西南部的一个强盛部落，当波斯部落统治了伊朗的其他部落，建立起一个强大的国家后，遂被邻国称之为"波斯帝国"，其后"波斯"也常被作为整个伊朗的代称，因而古代伊朗的文明也称为波斯文明。不过，伊朗人更习惯自称雅利安人。"伊朗"的字面意思，即"雅利安人的国家"，这一称呼比"波斯"更能反映出伊朗多民族、多文化的历史。

兵败西西里

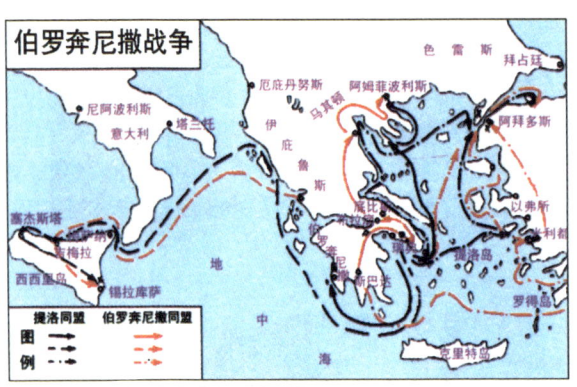

▲伯罗奔尼撒战争示意图

波斯人被赶走以后，古希腊人并没有迎来他们梦寐以求的和平。在随后的日子里，雅典和斯巴达为争夺霸权，又同室操戈，进行了长达26年的战争，这就是伯罗奔尼撒战争。仔细想想，26年是多么漫长的日子，它使冲锋陷阵的战士变为饱经沧桑的老人；使呱呱坠地的婴儿变成伟岸挺拔的青年。在战争头十年，双方不分胜负。但在随后的岁月中，厄运降临到雅典人的头上，一场失败接着一场失败，灾难从西西里之战开始。

雅典城论战

公元前416年，西西里岛的雅典盟邦塞盖斯塔与邻国塞利努斯交恶酝酿战争，请求雅典出兵支援，在要不要派兵去西西里岛这个问题上，温和派领袖尼西阿斯和主战派领袖亚西比德在公民大会上展开了激烈的辩论。尼西阿斯坚持远征西西里是不必要的，指出了进行远征可能遇到的巨大困难，并且当

▲雅典城里关于战与不战的激烈辩论

面揭露了亚西比德的自私目的，要求雅典人"提防这个奢侈浪费的年轻人，不应使他有机会为自己的辉煌而危害国家"。能言善辩的亚西比德针锋相对，自称为国家，对他个人的攻击他可以不计较。他说："西西里人只是一群乌合之众，征服他们易如反掌。我们雅典的国力已到了这样的地步，我们不能不计划征服新的地方，取得西西里这片巨大的土地，就有可能取得全古希腊的霸权。"结果，在公民大会上，亚西比德的意见竟占了上风。大会决定由尼西阿斯、亚西比德和拉马卡斯三人全权负责远征事宜。

出兵西西里

公元前415年夏初，声势浩大的备战工作完成，雅典人集结了一支庞大的军队，计有战舰136艘，重装步兵5100名，1200名轻装步兵和约26000名划桨手。启程那天黎明，

雅典和盟军云集比里犹斯港,雅典人倾城出动,为远征的将士送行。这是雅典历史上最壮美、开支最大的一次启航。每个人都充满了远征的热情。年老一点的人认为他们将征服那些他们将去的地方。年轻一点的人希望看看异地风光和取得迷人的经验。一般民众和士兵盼望自己得到薪金,并因帝国扩大而得到永久性收入。当尼西阿斯等人最后一批登舰后,随着悠长的号角声,舰队缓缓离开港口,驶往遥远的异国他乡。

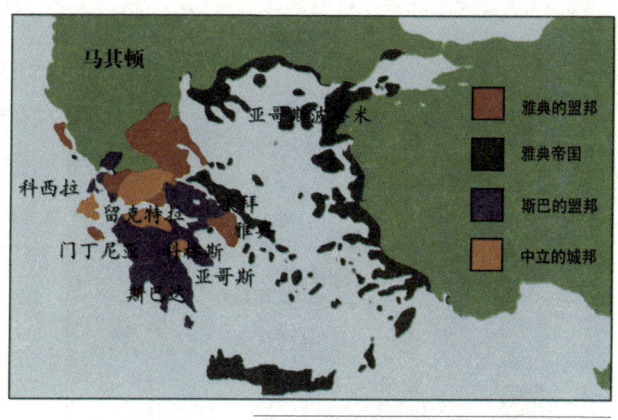
▲伯罗奔尼撒战争的敌对双方对比

战前蒙阴影

远征军先在科西拉与盟国支援部队会合,然后驶抵南意大利。这时发生的两件事使远征军的前途蒙上了一层阴影。一件事是远征军与请求他们出兵的塞盖斯塔联络后,发现塞盖斯塔很穷,根本无力支付远征军费用。这样就使远征军大捞一把的希望落空,出征时的亢奋骤然消失,军心动摇。另一件事就是三统帅之一的亚西比德叛逃到斯巴达。原来在远征军出发的前夜,有人将雅典城内各街口用来指路的赫尔墨斯神像的面部给毁坏了。赫尔墨斯是古希腊的神话中的天神宙斯之子,雅典人相信它能庇护道路并维护社会秩序。因此,神像被破坏在雅典城中引起了严重的不安。为追查肇事者,国家鼓励告密,亚西比德被指控参与了此事。他要求在出发之前弄清他究竟与这一案件有无牵连,但他的政敌知道他在军队中

▲古希腊人为天神宙斯的儿子赫尔墨斯画的画像

有威信,深得士兵爱护,不敢事前打击他,直到舰队出发后才告发他。于是雅典公民大会决议把亚西比德召回受审。亚西比德深知回国后凶多吉少,便在中途逃跑了,先到阿尔哥斯,后转赴斯巴达。他向斯巴达献计增援叙拉古,围困雅典城。斯巴达人对亚西比德的到来大喜过望,欣然接受了他的建议。

战争陷僵局

亚西比德叛逃后,尼西阿斯仍率舰队继续西进,一到西西里就与叙拉古人展开了激战。由于长途跋涉和尼西阿斯的优柔寡断,雅典远征军几次胜机都没把握住,战争很快陷入僵持状态。为打破僵局,公元前414年春,尼西阿斯和拉马卡斯指挥远征军

◀当年的古战场,从遗迹中可以想象得出当时战争的惨烈

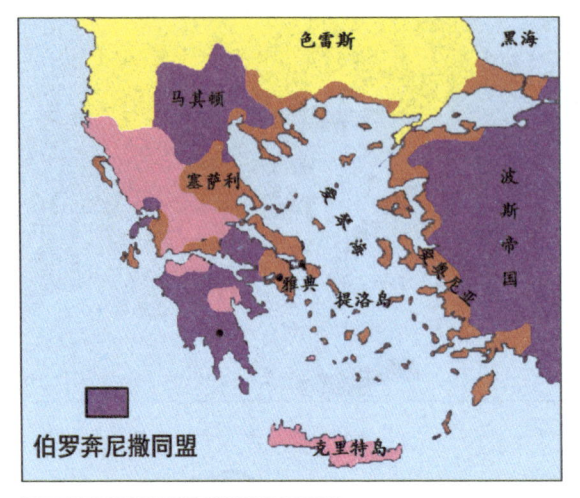

▲斯巴达人的伯罗奔尼撒同盟

发动强大攻势，先拿下叙拉古城外的制高点埃庇坡莱，然后修筑从陆地包围叙拉古的城墙。在筑墙和反筑墙的激战中，将军拉马卡斯战死，尼西阿斯成为唯一的统帅。他随后又指挥海军进入叙拉古港，基本完成对敌人的水陆合围，只剩下正北部距海边长约一公里的一个正在施工的缺口。

雅典反胜为败

当叙拉古人见城市几乎被完全围住而惊惶失措时，斯巴达军队在基列布斯率领下抵达西西里，冲过缺口进入叙拉古，与士气大振的叙拉古守军会合，并很快组织部队，进行反攻。通过激战，他们不但粉碎了雅典人彻底包围叙拉古的计划，而且重新夺回了制高点埃庇坡莱，并攻克了要塞普利密昂。与此同时，科林斯的舰队也突破雅典海上封锁进入叙拉古港，与叙拉古海军合兵一处，向雅典舰队发起了猛烈的反击。尼西阿斯见形势逆转，立即收缩兵力，采取守势，并修书一封送往雅典，请求增派援兵。雅典公民大会见信后，立即命名将德谟斯提尼、攸利密顿率 73 艘战舰和 5000 名重装步兵以及更多的轻装步兵前往西西里增援，决心把战争进行到底。德谟斯提尼率增援部队到达西西里后，依仗优势兵力，登陆不久，便主动向敌军重新控制的埃庇坡莱高地发起夜间袭击。叙拉古和斯巴达的联军顽强抵抗，杀死雅典军队 2000 人，挫败了雅典人的企图。

德谟斯提尼这才发觉情势比想象的更坏，尤其是士气低落，官兵都盼着回家。加上军营设在沼泽地带，士兵患病人数日增，再拖下去别说胜利，恐怕连国都回不去了。因此，他向尼西阿斯提议立即退兵。但尼西阿斯害怕承担失败的责任，坚持继续作战。就在这时，斯巴达派出的援兵赶到了西西里，叙拉古也募集了大批援兵，雅典人数上的优势也丧失了。尼西阿斯闻讯大惊，终于决心尽快撤离。全军将士登上战舰，准备重返家园。也许是冥冥之中的天意，恰在这时，发生了月食。一向谨

▼擅长陆战的斯巴达人歼灭了雅典军队

慎的尼西阿斯立即下令停止行动，召来占卜师占卜，得出卜辞为再等3个9天，即27日后才可移动军队。于是撤军又延误下来，在最需要决断的时刻，尼西阿斯当断不断，把远征军推上了绝路。

▲伯罗奔尼撒海上战争斯巴达打败了雅典军队

全军覆灭

叙拉古人和斯巴达人并未因月食而停止战斗，他们向雅典人展开了猛烈的进攻。9月3日，海湾内发生激战，76艘叙拉古战舰击败86艘雅典战舰，雅典骁将攸利密顿战死。残舰被迫退回。叙拉古人乘机堵住海湾出口，将雅典海军完全封锁。

地中海上的"金盆地"

意大利西西里首府巴勒莫（Palermo），位于西西里岛西北部。西西里岛位于亚平宁半岛的西南，是意大利那只伸向地中海的皮靴上的足球。它是地中海最大的岛。这里辽阔而富饶，气候温暖，风景秀丽，盛产柑橘、柠檬和油橄榄。由于其具有发展农林业的良好自然环境，历史上被称为"金盆地"。

事情至此，尼西阿斯再也顾不得天意，连夜下令所有军队，除留守人员外，全部上舰与敌人决战。次日，西西里港湾展开了一场前所未见的激战。双方舰船搅在一起，人们歇斯底里地嘶喊，战舰砰砰相撞。每一舰靠拢和冲撞后，双方士兵就把标枪、石头没命地抛射。战斗持续了很长时间，雅典人终于未能在最后一分钟顶住，先垮了下来。尼西阿斯无奈，只得率残余战舰撤离，向内陆退却。

海战是雅典人的特长，陆战则是斯巴达人的拿手好戏。在叙、斯联军的围追堵截下，雅典人一批批倒下。第6天早晨，联军包围了德谟斯提尼的6000名后卫，迫其投降，然后又追上尼西阿斯，双方主力发生激战，疲惫不堪的雅典人哪里是对手，结果尼西阿斯被俘，雅典全军覆灭。

战后，叙拉古人和斯巴达人违背诺言，处死了尼西阿斯和德谟斯提尼。被俘的雅典士兵除极少数外，其余都被卖作奴隶。

西西里之战，雅典丧失了近5万人，国力大损。从此以后，雅典海上同盟开始瓦解，称霸古希腊的梦想灰飞烟灭了。

亚历山大兵发波斯

俗话讲:"三十年河东,三十年河西。"波斯国王薛西斯做梦也想不到,他们与古希腊作战百年后,被他们用刀剑架于颈项的古希腊人的后代,却又将明晃晃的刀枪放到了他们后代的脖子上。这是从格拉尼库斯河战役开始的。

提起格拉尼库斯河之战,首先得谈谈马其顿国王亚历山大和他的父亲。马其顿位于古希腊半岛北部,其文明比其他古希腊城邦晚。希波战争时期,马其顿曾一度落入波斯统治之下。在雅典和斯巴达为争夺霸权而发动的伯罗奔尼撒战争期间,马其顿逐渐强盛起来。就是在这

▲马其顿国王腓力二世的头像

个时候,亚历山大的父亲腓力二世登上了马其顿王位。腓力二世用几年时间统一了古希腊,又计划东征波斯。但就在东征前夕,腓力二世因为宫廷政变,于公元前336年被刺客谋杀。由于当时他准备征服波斯,刺客很可能是波斯人派来的。腓力二世死后,亚历山大即位为马其顿国王。

▲腓力二世创立的攻防兼备的马其顿步兵方阵

亚历山大在马其顿历史上,被称为亚历山大三世。他曾师从古希腊学者亚里士多德学习,了解古希腊的一切。又曾跟随父亲出征,参加过喀罗尼亚战役的部分指挥。他即位时虽然才20岁,但已是一个颇有才能且又野心勃勃的人物。腓力二世死后,马其顿内部贵族骚动,北方的部落、南方的底比斯人也先后起义。亚历山大一一予以镇压。他对底比斯特别残酷,将城市夷为平地,居民卖为奴隶,以此警告其他城邦。

▼这幅浮雕表现的是年轻的亚历山大征战时的情景

▲亚历山大进攻波斯路线图

攻打波斯国

公元前334年春，亚历山大率领大军迅速渡过赫勒斯邦海峡（今达达尼尔海峡），进入小亚细亚。波斯虽然有400艘战舰，竟然未对海峡进行封锁，错过了阻遏敌军的最佳时机。相传，部队渡海时，亚历山大曾亲自在旗舰上掌舵，经过海峡时，他宰了一头牛向海神献祭，并用一只金碗把酒洒入海里献给海神娘娘。此外人们还相传，他是全军第一个登上亚洲大陆的。当时他全身披挂，下令在他从欧洲出发的地点和亚洲登陆的地点同时都筑起祭坛，向保佑他安全登陆的宙斯、雅典娜献祭。祭礼一完，亚历山大就率军迅速向格拉尼库斯河进军。

▲亚历山大的士兵在向海神祭拜

波斯国王大流士三世闻讯，命小亚细亚诸省总督迈农为前线指挥，迎击亚历山大。在作战会议上，迈农建议将战场放在小亚细亚，诱敌深入，坚壁清野，放火烧掉粮草、城市、疲惫敌人，然后切断其退路，围而歼之。但小亚细亚各省的总督们不愿放弃自己的地盘，主张在格拉尼库斯河右岸正面迎击亚历山大。会议最终接受了各省总督的意见。当马其顿大军接近河岸时，波斯军队已在地势较高的东岸列阵以待，其中骑兵方阵沿河列队，大约有2万人。骑兵后面，是人数万余的步兵，多为古希腊雇佣兵。

决胜格拉尼库斯河

亚历山大率军推进离格拉尼库斯河不远处，就接到飞马驰回的侦察兵的报告，说波斯军队已在河对岸摆好了阵势。于是亚历山大把部队编成战斗队形，驻足岸边细细观察

▲油画中描述的马其顿方阵在战场上作战的情景

敌阵。部将帕曼纽上前道:"陛下,我的意见是,我军马上就在河这边扎营。我相信,由于敌军步兵比我军少,必然不敢在我军附近露营。因此,我军等天晓时再渡河必无困难。在敌军还未布置就绪时,我军就可渡河完毕。根据目前情况,我觉得,如果我军立即采取行动必然会冒极大危险。因为我军不能在这样宽广的正面一齐渡河。可以看得出来,河道有不少地方水很深;而且,您看得见,河岸也很高,有些地方简直像是崖一般。如果我军以最易受攻击的疏散队形在敌前出现,敌军骑兵必将以密集队形向我冲击。出师首战失利,目前来说,后果将很严重,对战争全局更为有害。"可是,亚历山大却傲然回答说:"我绝不能让这条河沟挡住去路。波斯人以为自己和马其顿人一样是好战士,这是他们没有经受使他们吃惊的事情罢了。现在就让他们领教一下马其顿人的勇气。"他立即召集将领,将部队分为左、中、右三队,准备强攻渡河。

攻击前夕,两军隔河对峙,一动不动,鸦雀无声。突然,亚历山大飞身上马,把长

▼描述亚历山大获得战争胜利的场面

矛一举,命令前锋出击。然后他亲率左、右翼各部,吹起号角,高呼响彻云霄的口号,奋勇冲入河中。波斯军见状,排箭和标枪如滂沱大雨,铺天盖地地射向河中。马其顿大军一批批倒下,又一批批冲上。亚历山大身先士卒,率领亲兵猛烈突入敌阵,首先将几名波斯大将挑于马下。马其顿部队一队接一队陆续过河,双方骑兵猛烈地绞杀在一起。激战持续了几个小时,大流士三世的儿子、女婿均在混战中被杀,波斯骑兵节节后退,最后终于溃逃。雇佣军步兵方阵顽强抵抗,但在马其顿军队的四面打击下,除2000人被俘外,其余全部被砍杀净尽。

战后,亚历山大将俘虏的2000名古希腊雇佣兵押回马其顿为奴,另外派人将300套波斯盔甲送到雅典向战神雅典娜献礼,并附上这样的献词:"谨献上从亚洲波斯人手中俘获的这些战利品。腓力和全希腊人(斯巴达人除外)之子亚历山大敬献。"

东征首战告捷,极大鼓舞了亚历山大及其军队的士气。此后,远征军像一支利剑一样,迅猛地刺向波斯帝国腹心。

▲亚历山大率领的步兵和骑兵

◀油画《亚历山大接见印度使团》

亚历山大大帝

亚历山大是亚历山大帝国的创立者,号称"大帝"。公元前336年,继其父腓力二世的王位为马其顿国王,时年20岁。从16岁起,亚历山大就随父亲南北征战。儿童时代,他就好大喜功,专横霸道,有一种妄图统治世界的性格和志向。据说,每当他得悉父亲胜利的消息时就发愁,唯恐自己会因此而不能享受到征服世界的光荣。他具有狂暴的热情、坚强的意志和出众的智力,更有敏锐的判断和随机应变的才能。在著名的喀罗尼亚战役中,亚历山大指挥马其顿军队的右翼,取得辉煌战果。

第九章
古希腊的未解之谜

和古代东方文明的大河流域、沃野千里的特色相比,古希腊则是以地少山多、海岸曲折、岛屿密布为地理特色。海洋主宰了它的气候,也在一定程度上影响它的历史与文化。

在古希腊文明时期,古希腊本土和爱琴诸岛都各自建立数以百计的城邦小国,始终未臻统一,但在民族、语言、文化、风俗方面却较一致。它在一定程度上是和爱琴海岛屿密布、古希腊本土又被群山分割为无数小块区域的地理环境的特点有关。

地理的变迁、事物的迁移,在古希腊形成了很多未解之谜。沉于海底的大西洲、巨大的木马等,它们经过千百年的历史沉积,使得古老的古希腊文明处处充满了迷幻色彩,让这个本来就给人以神秘感的国度变得更加扑朔迷离了。

▲古希腊及其殖民地图,众多的岛屿国家的特点使其有别于东方文明

大西洲在哪里？

20世纪70年代初，科学家来到了大西洋的亚速尔群岛附近。他们从800米深的海底里取出了岩心，经过科学鉴定，这个地方在12000年前，确实是一片陆地。用现代科学技术推导出来的结论，竟然同柏拉图的描述如此惊人的一致！这里是不是大西洲沉没的地方呢？对于这个原来的文明中心，人们想找到它的下落，可直到现在仍然是一无所获。

谜一般的大西洲

相传，在深深的大西洋的洋底，有一个沉没的国家，据说那就是大西洲，大西洲又名亚特兰蒂斯。最早记载大西洲事情的人是古希腊大哲学家柏拉图。在他的著作《克里齐》里，柏拉图说，"大西洲原来是全世界的文明中心"。这个国家比利比亚和小亚细亚加在一起还要大，它的势力一直延伸到埃及和第勒尼安海。

▲大西洲的创始人海神波塞冬

后来，大西洲对埃及、古希腊和地中海沿岸所有其他民族都发动过战争。最后一次是大西洲对雅典发动的战争，雅典人进行了殊死的抵抗，将大西洲的军队击退。不久之后，一场大地震使大西洲沉没于波涛之中。

大西洲的创始人是波塞冬。波塞冬娶了当时一位美丽的姑娘克莱托为妻。她为波塞冬生了10个儿子。波塞冬把大西洲分成10个部分交给他的10个儿子分别掌管。他们就是大西洲最初的10名摄政王。波塞冬的长子亚特兰蒂斯是大西洲王位的继承者，所以后人也把大西洲称为亚特兰蒂斯。最初的10名摄政王曾相

◀17世纪根据柏拉图的故事绘制的亚特兰蒂斯地图

◀大西洲天然资源丰富，农作物一年可收获两次

约，彼此绝不互动干戈，一方有难，各方支援。

大西洲的海岸绵长、高山秀丽、平原辽阔。人民大多依靠种地、开采金银等贵金属和驯养野兽为生。在城市和野外，到处是鲜花，大西洲的许多人便靠提炼香水生活。在大西洲的城市中，人口稠密，热闹非常。城中遍布花园，到处是用红、白、黑三种颜色大理石盖起来的寺庙、圆形剧场、斗兽场、公共浴池等高大的建筑物。码头上，船来船往，许多国家的商人都同大西洲进行贸易。

随着大西洲越来越强盛，大西洲的国王也变得野心勃勃。在贪得无厌的野心驱使下，他们决心要发动更大的战争，征服全世界。然而一场强烈的地震和随之而来的洪水，使整个大西洲在一夜之间便无影无踪了。

生活在鼎盛时代的古希腊人并没有完全忘记这一毁灭的文明社会，也没有忘却这场大灾难，这些事件以传说的形式代代相传。

大西洲沉没的时间，根据柏拉图在另外一本书中所记载的说法推算，大约是11150年前。柏拉图曾多次说，大西洲的情况是历代口头流传下来的，绝非是他自己的虚构。据说柏拉图为此还亲自去埃及请教当时有声望的僧侣。

柏拉图的老师苏格拉底在谈到大西洲时也曾说过："好就好在它是事实，这要比虚构的故事强得多。"

千古之谜何日能解？

如果柏拉图所说的确有其事，那么早在12000年前，人类就已经创造了文明。但这个大西洲在哪里呢？千百年来人们对此一直怀有极大的兴趣。到了20世纪60年代，在大西洋西部的百慕大海域，以及在巴哈马群岛、佛罗里达半岛等附近海底，都接连发现过轰动全世界的奇迹。

1968年的一天，巴哈马群岛的

▶后人创作的壁画中大西洲的女乐师

▲人们根据想象绘制成的大西洲官殿等图画

比米尼岛附近的大西洋洋面上一片平静，海水像透亮的玻璃，一望到底。几名潜水员坐小船返回比米尼岛途中，有人突然惊叫了起来："海底有条大路！"几个潜水员不约而同地向下看去，果然是一条用巨石铺设的大路躺在海底。这是一条用长方形和多边形的平面石头砌成的大道，石头的大小和厚度不一，但排列整齐，轮廓鲜明。这是不是大西洲的驿道呢？

1974年，苏联的一只海洋考察船在大西洋下拍摄了8张照片——构成了一座宏大的古代人工建筑！这又是不是大西洲人建造的呢？

1979年，美国和法国的一些科学家使用十分先进的仪器，在"百慕大三角"海底发现了金字塔！塔底边长约300米，高约200米，塔尖离洋面仅100米，比埃及的金字塔大得多。塔下部有两个巨大的洞穴，海水以惊人的速度从洞底流过。

这个大金字塔是不是大西洲人修筑的呢？大西洲军队曾征服过埃及，是不是大西洲人将金字塔文明带到了埃及？美洲也有金字塔，是来源于埃及，还是来源于大西洲？

1985年，两位挪威水手在"百慕大三角"海区之下发现了一座古城。在他俩拍摄的照片上，有平原、纵横的大路和街道、圆顶房屋、角斗场、寺院、河床……他俩说："绝对不要怀疑，我们发现的是大西洲！和柏拉图描绘的一模一样！"这

▶据科学家考证，当年大西洲的建筑也像这座神殿一样雄伟

是真的吗？遗憾的是，"百慕大三角"的"海底金字塔"是用仪器在海面上探测到的，迄今还没有一位科学家能确证它究竟是不是一座真正的人工建筑物，因为它也可能就是一座角锥状的水下山峰。目前也没有人可以证实它就是大西洲的遗址。

比米尼岛大西洋底下的石路，据说后来有科学家曾经潜入洋底，在"石路"上采回标本进行过化验和分析。

▲古希腊壁画中描绘的大西洲的勇士狩猎的情形

结果表明，这些"石路"距今还不到10000年。如果这条路是大西洲人修造的话，它至少不应该少于10000年。至于那两个挪威水手的照片，至今也无法验证。唯一可以得到的正确结论是，在大西洋底确实有一块被水淹没的陆地。

如果大西洋上确实存在过大西洲，大西洲确实像传说那样，沉没在大西洋底，那么，在大西洋底就一定能找到大西洲的遗迹。

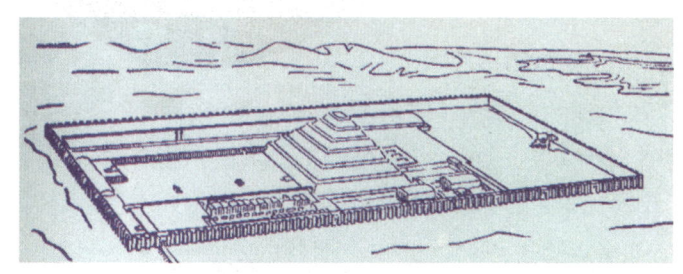

遗憾的是，至今还没有一位考古学家宣布，说已经在大西洋底发现了大西洲遗物。直到今天，大西洲依然是一个千古疑谜。

◀这座水下古城的平面复原图

关于"亚特兰蒂斯"的传说

有关亚特兰蒂斯的传说是这样的：当众神分配领土时，亚特兰蒂斯由海神波塞冬掌管。波塞冬爱上了一位名叫克莱托的少女，于是便娶她为妻。他们共生育了五对双胞胎，都是男孩。当他们成年后，波塞冬便将国土分封给他们，他们就是亚特兰蒂斯最初的十位国王，其中名叫亚特兰斯的长子更是王中之王，因此该国便被命名为"亚特兰蒂斯"。

"亚特兰蒂斯"的文明十分发达，其社会已经有了明确的阶级划分；人口大约有1200万；农业的分工也很细致，适宜的气候使其可以每年收获两次；有了系统的文字；已经开始使用贵金属和合金；远洋贸易也繁荣至极。

此外，他们还拥有大量的公用建筑，像波塞冬神殿、寺庙、圆形剧场、竞技场、公共浴池等。他们的军事组织也极为严密，国土被分为9万个军事区域，每个区域设一名指挥官，负责调度12名战士、两匹战马、一辆战车以及所需要的一切供给。

可惜的是，拥有如此发达文明的大陆竟在一夜之间沉没了。有人因此推断"亚特兰蒂斯"只不过是个杜撰的故事罢了。

亚历山大死亡之谜

在古希腊有很多亚历山大的雕像、壁画，还有在埃及至今为止最著名的海港——亚历山大港，这一切，都让人回想起那个曾经跨马驰骋、想征服世界的人——亚历山大大帝，一个庞大帝国的创始人。但他的国家仅仅存在了13年，因为亚历山大的离奇死亡而宣告结束了。亚历山大大帝究竟是怎么死的？很多专家学者对此进行了不断的探索，希望能从中找出一些蛛丝马迹。

公元前323年的古波斯帝国，伟大的征服者亚历山大正处于权力的鼎盛时期。他以巴比伦作为根据地，准备进攻阿拉伯半岛，在他征服世界的宏伟计划中，这一次行动显得至关

▲亚历山大帝国时期钱币上的亚历山大头像

重要。进攻开始的几天前，亚历山大在宴会上与朋友们尽情畅饮。那天深夜，他病倒了。仅仅12天之后，亚历山大离开了人世。是谁，或者是什么，害死了这位伟大军事家？

格利弗侦探的推断

约翰·格利弗侦探依照习惯，把与这一事件有关联的事物和线索有序地排列在一起，然后根据这一思维进行分析。作为伦敦警察厅最优秀的侦探之一，约翰·格利弗是反恐小分队的负责人，他曾成功阻止了爱尔兰共和军对英国的炸弹袭击行动，也曾经侦破过数百起包括黑社会暗杀以及投毒案在内的各类谋杀案件。现在他使用的这种方法，曾令他成为了英国侦探史上最成功的侦探之一。现在他要对亚历山大的死亡原因进行一次彻底的调查研究。

首先还是先回到亚历山大大帝的童年时代。那个时候，地形险峻的马其顿王国以其强大的军事力量远近闻名，亚历山大从父亲腓力国

◀骑马飞奔的亚历山大大帝像

▲伊苏斯之战亚历山大打败了大流士三世，占领了波斯

王身上继承了独特的军事思想，从他的老师哲学家亚里士多德那里萌发了对世界的好奇心和探索的动力。他生来就注定要被培养成一名战士。他喜欢和朋友们一起打猎和饮酒，一起筹划战争。在他20岁的时候，父亲腓力国王被暗杀。亚历山大继承了马其顿的领导权，但这并不能满足他的野心。

一次，年轻的国王因一场小型战争离开故乡，他的目光被一片肥沃的土地吸引，那里是波斯王国。后来他指挥士兵向波斯大军发起了进攻，并在一场又一场战斗中打败了对手。再后来陷落的是埃及，埃及人将亚历山大视为神一般的人物。卢克索神庙中的雕刻表明，他是埃及历史上第一位欧洲法老。为了抵达世界的尽头，他率领部队向东，进入一片未知的土地。20多岁的时候，他就已经击败了阿富汗地区的头领。接着，他又很快对印度半岛上的王侯展开了猛烈进攻……在仅仅十多年的时间里，就建立起了一个横跨欧亚非三洲，面积300多万平方公里的大帝国。

尽管他有无可比拟的军事天才和异乎寻常的号召力，但他也是一个粗暴残忍、喜怒无常而且经常酗酒的人。酒精对他的危害是逐渐显现的：他开始变得越来越偏执，缺乏自我保护意识，尤其爱冒险。在一次醉酒之后，他下令焚毁了伊朗的波斯波利斯城，也曾在一怒之下杀死曾经救过他的好朋友。格利弗侦探发现，在亚历山大的性格中，没有"克制"这个词儿。在病倒前的几个星期里，他一直在筹划另一场战争：征服阿拉伯，而且他当时已经准备向西去征服意大利和迦太基了。如果他没有死，这些征服计划很可能会改写历史。

死于"西尼罗河热"

根据目前掌握的资料，亚历山大死于公元前323年6月11日。但是，格利弗侦探找到的记录都是在他死后很多年写的，而且其中不乏互相矛盾的叙述，于是侦探决定向专家求助。他找到了雷恩·福克斯先生——一位研究亚历山大已经有35个年头的史学权威。他告诉格利弗："人们对这些历史资料主要持两种观点。一种观点与毒药有关，在一本记述他罗曼史的书中提到了毒死他的阴谋。

▶亚历山大东征时，在中亚地区建立的城市遗址

▲印度北部山谷的景色，亚历山大的军队到达这里时的环境条件和现在颇为相似

里面还有一些很新鲜的情节，甚至说在那次宴会上，有一部分人预先已经知道他将被毒死。另一种观点来源于'皇家日记'，上面认为亚历山大死于疾病中的高烧。"那么，哪一种说法更加可信呢？

美国专家约翰·玛尔医生主要研究世界各地的热带疾病，他首先通过历史资料中的症状描述排除了之前的历史学家认为的疟疾致死说。然后在他查看了与亚历山大相关的一些资料后，发现了一个未被前人注意的线索，并据此提出了一种全新的观点：亚历山大很可能死于"西尼罗河热"。资料中有古希腊历史学家对亚历山大攻入巴比伦时的一些描述，其中包含一段属于不祥之兆的细节描写。书中说他抬起头，看到空中有一群鸟儿互相啄食，然后从天上掉下来死掉了。

玛尔医生将这件事与2300多年后的一个事件联系了起来。1999年，纽约城曾有大量的鸟突然坠地而死——它们都

西尼罗河热

西尼罗河热是类似于登革热的一种由虫媒病毒——西尼罗河病毒（West Nile virus，WNV）引起的急性传染病。"西尼罗河病毒"最早于1937年在非洲乌干达的西尼罗河地区被发现并因此而得名。临床上主要观察到该病毒引起的脑炎、脑膜炎、脊髓炎及其他神经性炎症，在一些较不常见的情况下，还观察到其他器官的病变，如急性胰腺炎等。

人类感染西尼罗河病毒后并不相互传播，通常为隐性感染，即对于身体健康的人来说，不会引起什么明显的症状，或只是轻度发热、疲倦，伴有红斑、丘疹、上半身玫瑰疹。但对于年老体弱、免疫力差的幼童则可能引起较严重的高热（体温高达40℃或以上），剧烈头痛，眼结膜和咽喉部充血，甚至出现中枢神经症状。在急性期，可发生暂时性的脑膜炎症状，甚至引起致死性脑炎。

死于西尼罗河热。大约两三个星期之后,就有人患上了这种疾病。西尼罗河热是一种由蚊子传播的病毒感染性疾病,鸟类和人都可能感染上这种疾病,人类患病的症状就是连续高烧。这点完全符合"皇家日记"中对亚历山大病症的描述,而且其他症状也符合:在亚历山大生命的最后几天,他的下半身已经瘫痪——西尼罗河热能够引发脑炎,而脑部炎症会影响到人的活动能力。

▲亚历山大征服埃及时也曾经建造过宏伟的金字塔

马其顿家族的毒杀

虽然格利弗侦探对西尼罗河热理论很感兴趣,但他认为这种观点很可能本身就不能成立,因为有不少历史学家认为,疾病中高烧的描述是虚构的,目的是掩人耳目,而且有关他被下毒谋杀的传闻在其死后20多年里一直广泛传播。格利弗侦探的职业思维认为,在调查阶段必须尽量广泛地考虑其他可能。何况那时候的人已经掌握了多种熟知的毒药,而且有很多人仇恨、害怕、嫉妒亚历山大,他们会很愿意看到他被毒死。

为了调查毒药谋杀的可能性,格利弗侦探前往古希腊北部的奥林匹亚山中——亚历山大的故乡古马其顿。在古代的毒药谋杀故事里,就提到了一个马其顿家族。若想找到凶手,就要去了解死者周围的人,看哪些人有机会接近和杀害死者。一位名叫安提帕特的马其顿地区的地方长官被列入怀疑范围,他可能是毒药谋杀计划的策划者。当时他刚被亚历山大革职,可能因担心自己很快性命不保而暗杀亚历山大。格利弗侦探推测,安提帕特让自己的一个儿子卡桑德把毒药从马其顿带到巴比伦,另一个儿子伊奥莱斯在巴比伦等候,而且他有着绝佳的投毒机会。那么,亚历山大会不会成为这个垂死挣扎的马其顿家族的牺牲品呢?要知道,马其顿贵族素来以血腥暴力著称,这是一个充满了家族仇恨、谋杀和暴力的世界,血腥甚至可以称得上是一种时尚。

按这条线索走下去,需要确认凶手使用的是何种毒药。格利弗侦探请来了一位毒药学专家,借助最新医疗模拟技术了解

▲亚历山大的部将托勒密在埃及建立了托勒密王国,这是潜水员发现的托勒密二世的雕像

亚历山大生命的最后12天中可能出现的中毒反应。历史资料记载，亚历山大喝了桌子上的酒不到半小时就感到不舒服。随后他呕吐，感到剧痛，说话困难，身体逐渐变虚弱。一些早期历史学家曾认为是古希腊人熟知的番木鳖碱，但毒药学家认为不然，因为番木鳖碱的中毒症状很典型：肌肉收缩、下颌僵硬、眼睛突出、后背弓起。而且只需四五个小时，中毒者就会死亡，而亚历山大却是在好多天后去世的。毒药专家从大约25种古希腊毒药中筛选出两三种，其中一种毒性植物叫白菟葵，在亚历山大的家乡很常见，根部蕴含着有毒成分。

毒药专家发现，在20世纪50年代的朝鲜战争时期，曾经发生过一起白菟葵中毒事件。士兵们的菜汤中偶然被放进了白菟葵，当时有14名士兵喝下了放有白菟葵的菜汤，结果不到半小时他们就病倒了，症状与亚历山大的很像。

那么这种毒药的症状和亚历山大卧床12天的情况是否吻合呢？毒药专家与医疗小组在伦敦的一个实验室里对一具电脑控制的模拟躯体进行试验。模拟躯体也有血压、呼吸和脉搏，这些生理指标将显示出白菟葵在几个关键时期对人体的影响。由于毒药谋杀观点认为亚历山大可能被下过好几次毒，因此他们设计了从宴会当晚第一次投毒开始的一系列测试。

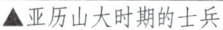
▲亚历山大时期的士兵

专家们假设亚历山大在宴席上谈笑风生之时喝下了毒酒。模拟躯体显示出了与亚历山大同样的反应：心率下降，血压降低，呼吸困难，身体变得很虚弱。但一剂毒药并不足以将人杀死，因为约24小时后，毒素就开始被排出，因此需要第二次投毒。在以前的记载中，有一些这方面的暗示：亚历山大曾让人用羽毛搔他的喉咙帮助他呕吐，这在当时是一种常见的医疗手段。他们有可能在用羽毛搔弄他的喉咙的时候，送入了更多的毒药。

第二剂毒药送入模拟躯体后，显示此时的受害者应该已无法起床走路，而且很可能持续虚弱。心率降低会使人缺氧，这时可能连抬头都很困难，越来越虚弱。第12天后，最后一剂毒药使他命归黄泉。"这具模拟身体终于垮掉，肌肉停止工作，心脏只是偶尔跳一两下，如果这是真人，他马上就要死了。"毒药专家说。

投毒谋杀是亚历山大死亡的一个可能原因，但格利弗侦探现在开始怀疑这种观点，因为亚历山大的父亲腓力二世死于剑下，毒药并不是马其顿人所钟爱

◀亚历山大大帝生前用的餐具，人们怀疑有人投了毒

的武器。"我认为使用毒药并不是马其顿人的传统。这是一个讲究男子汉气概的民族,如果有人想杀死某个人,他会用剑,而不是毒药"。不过在研究古代医生的治疗方法时,格利弗侦探有了一项令人震惊的发现。白菟葵在当时也被小剂量地用作药品,用来清洗肠胃,并作为泻药帮助人体排泄,但如果剂量过大,就变成了一种毒药。这成了破案的另一条线索,现在格利弗侦探希望能发现在亚历山大生病期间服用过白菟葵的证据。除了在各场战役中受过各种伤外,亚历山大也曾在精神上受过严重的打击。他在死前8个月,失去了最亲密的朋友赫法斯蒂昂。而当格利弗侦探发现白菟葵根在当时被用作治疗精神疾病的时候,又一个谜团被解开了。赫法斯蒂昂从少年时代起就与亚历山大一起喝酒、作战,他不仅是亚历山大的一员大将,更是他精神上的依靠。亚历山大曾对众人说,赫法斯蒂昂爱护的不是作为国王的他,而是他这个人。在赫法斯蒂昂死后,亚历山大难过至极,并下令为他的好友建造一座5层高的巨大陵墓。

▲亚历山大崇敬的女神雅典娜也没有能够保佑他的生命安全

为了弄清楚精神痛苦对亚历山大的影响,格利弗侦探探访了精神病专家。"亚历山大会感到极度忧伤,好朋友的死令他一蹶不振,很可能会因此忽略了对自己的保护,并失去了以往的判断力。他会喝更多的酒,而这又会使他更容易被人暗算,另外与其他人的关系也会出问题"。精神病专家告诉格利弗侦探,亚历山大的免疫系统和行为都可能因此受到严重影响,并且需要医生的治疗。而对待因悲伤而造成的精神疾病,治疗方法之一就是药物,如白菟葵。

服用过量的白菟葵

亚历山大曾服用药物这一假设,促使格利弗侦探得出一种全新的解释:他可能死于过量服用白菟葵。所以,关键在于他有可能是中毒而死的,但不一定是被人毒死的,而可能是在医生的治疗过程里中毒身亡的。为了了解亚历山大死于药物过量的可能性有多大,格利弗侦探请毒药专家调查了一下古代医生使用这种药物的剂量。

他们找到了一些古代医生使用白菟葵作为药物的例子。研究表明,为了促进呕吐和排泄,医生们给出的剂量常常达到中毒量。20世纪50年代,曾有医生试图用它来治疗高血压,但事实证明它的毒副作用与2300年前一样危险。医生们发现很难控制这种药物治疗和致害间

▲亚历山大时期的官廷酒器

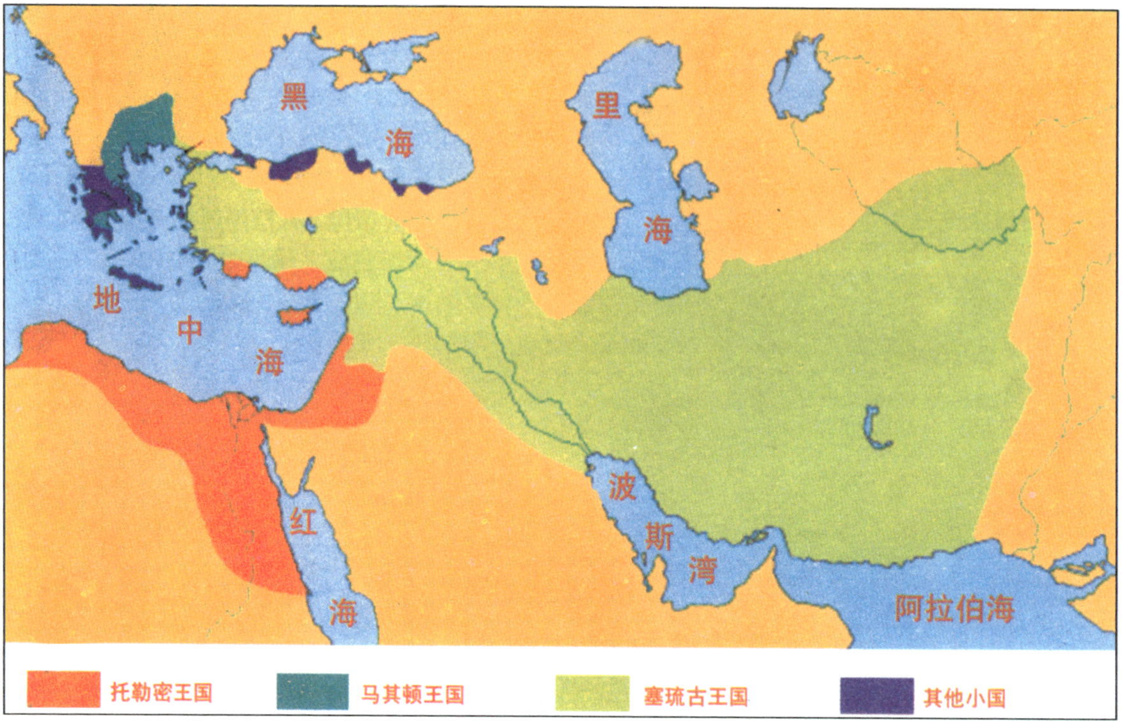

▲亚历山大死后,亚历山大帝国分裂成三个较大国家和很多的小国

▲出土的亚历山大时期印度佛像,虽然亚历山大征服了亚洲,但是却未能把他的帝国长久地统治下去

的界限。因此,如果亚历山大为了急于恢复健康而不断服用白菟葵的话,很可能会送命。他很年轻,年轻人通常急躁,他会急着离开病床,因为他心里还有很多宏大的计划在等待实现。当时亚历山大和医生一定都很着急,于是他服用了过量药物,并酿成了最后的悲剧。

格利弗侦探猜测,尽管亚力山大知道药的毒副作用,但在他急于攻打阿拉伯的情况下,迫切希望摆脱病症,他很有可能命令医生加大白菟葵的剂量,这也符合他轻率易冲动的性格。经过长达一年时间的调查,约翰·格利弗侦探相信自己已经找到了亚历山大大帝神秘死亡的原因。

如果真是这样,那么对于一个仅花了10年时间就建立起一个庞大帝国的人来说,这无疑是一个可悲的结局。在他制定的宏大战略里,他还要率领大军去攻打罗马和欧洲,如果他能再活10年,很难想象西方世界的历史会发生怎样的改变。

木马屠城之谜

19世纪时，德国考古学家及商人亨利·谢里曼开始了对特洛伊城及"荷马史诗"所描述的特洛伊战争的真实性进行了卓有成效的考察和研究。他发现了毁灭后特洛伊城的遗址，并认为特洛伊城位于现在的土耳其海岸，靠近达达尼尔海峡，是连接欧洲和亚洲的重要交通枢纽。此外，他还发现了许多金制的装饰品，还发现了他认为的特洛伊城的城砖。因此，他第一次使人们相信特洛伊的故事是真实的。

一场战争引出了两大史诗，从而成为西方文学的源头，这场战争就是特洛伊战争，而两大史诗就是荷马的《伊利亚特》与《奥德赛》，那么，这场战争是真的吗？

特洛伊战争

在那样一个人神界限模糊，人类很像神灵，神灵身上又表现出太多人性的时代，特洛伊成为这一时代人神之交锋的场所。有很多事情发生，特洛伊国王普里阿摩斯的儿子帕里斯，把世界上最美的女人海伦从古希腊带到这里。古希腊国王阿伽门农为了给弟

▼盲诗人荷马吟咏史诗图，他在当时非常受人们欢迎

▲后人给海伦画的画像

弟夺回海伦，率领一支有10万人马、1000多条战舰的大军，浩浩荡荡地来到这里，攻打特洛伊城。古希腊人和特洛伊人的战争爆发了。在这个战场上，古希腊最伟大的战士阿喀琉斯，杀

▲特洛伊战争木马计石雕

死了帕里斯的哥哥赫克托耳。在史诗《伊利亚特》的最后一幕，特洛伊国王普里阿摩斯与阿喀琉斯谈判请求归还他儿子的尸体并停战。

在史诗《奥德赛》中，故事并没有到此结束。却说古希腊人联合起来攻打特洛伊城，但特洛伊城是个十分坚固的城市，古希腊人攻打了九年也没有打下来。第十年，古希腊一位多谋善断的将领奥忒修斯想出了一条妙计。这一天的早晨非常奇怪，古希腊联军的战舰突然扬帆离开了。平时喧闹的战场变得寂静无声，特洛伊人以为古希腊人撤军回国了，他们跑到城外，却发现海滩上留下一匹巨大的木马。

特洛伊人惊讶地围住木马，他们不知道这木马是干什么用的。有人要把它拉进城里，有人建议把它烧掉或推到海里。正在这时，有几个牧人捉住了一个古希腊人，他被绑着去见特洛伊国王。这个古希腊人告诉国王，这个木马是古希腊人用来祭祀雅典娜女神的。古希腊人估计特洛伊人会毁掉它，这样就会引起天神的愤怒。但如果特洛伊人把木马拉进城里，就会给特洛伊人带来神的赐福，所以古希腊人把木马造得这样巨大，使特洛伊人无法拉进城去。

特洛伊国王相信了这话，正准备把木马拉进城时，特洛伊的祭司拉奥孔跑来制止，他要求把木马烧掉，并拿长矛刺向木马。木马发出了可怕的响声，这时从海里窜出两条可怕的蛇，扑向拉奥孔和他的两个儿子。拉奥孔和他的儿子拼命和巨蛇搏斗，但很快被蛇缠死了。两条巨蛇从容地钻到雅典娜女神的雕像下不见了。古希腊人又说，"这是因为他想毁掉献给女神的礼物，所以得到了惩罚"，特

▲木马中的希腊士兵趁着黑夜偷袭特洛伊城

洛伊人赶紧把木马往城里拉。但木马实在太大了，它比城墙还高，特洛伊人只好把城墙拆开了一段。当天晚上，特洛伊人欢天喜地，庆祝胜利，他们跳着唱着，喝光了一桶又一桶的酒，直到深夜才回家休息，做着关于和平的美梦。

深夜，一片寂静。劝说特洛伊人把木马拉进城的古希腊人其实是个间谍。他走到木马边，轻轻地敲了三下，这是约好的暗号。藏在木马中的全副武装的古希腊战士一个又一个地跳了出来。他们悄悄地摸向城门，杀死了睡梦中的守军，迅速打开了城门，并在城里到处点火。

隐蔽在附近的大批古希腊军队如潮水般涌入特洛伊城，占领了这座特洛伊城。10年的战争终于结束了，古希腊人把特洛伊城掠夺一空，烧成一片灰烬。男人大多被杀死了，妇女和儿童大多被卖为奴隶，特洛伊的财宝都装进了古希腊人的战舰。海伦也被墨涅依斯带回了古希腊。帕里斯为给他哥哥报仇，给了阿喀琉斯致命的一击，杀死了这位古希腊伟大的勇士。此后特洛伊的黄金时代也就结束了。

▲"荷马史诗"中描写的英雄阿喀琉斯

特洛伊真实性之争

很多人认为这是历史事实，并真正发生在希沙立克。但是，自从18世纪开始，学者们对此提出了质疑。许多人怀疑特洛伊曾经发生过战争，甚至更有一些人怀疑荷马的存在，至少怀疑荷马不是作为一个单独的个人，而是一系列诗人。

到了19世纪下半叶，只有极少数学者相信"荷马史诗"是历史上真实事件的记录，也相信特洛伊的存在，这其中包括业余考古学家弗兰克·卡尔弗特——美国驻这一地区的领事。19世纪60年代中期，卡尔弗特与其合作者德国富翁海因里希·谢里曼对希沙立克进行

◀今天的特洛伊城赫然耸立着一匹高约十余米的木马

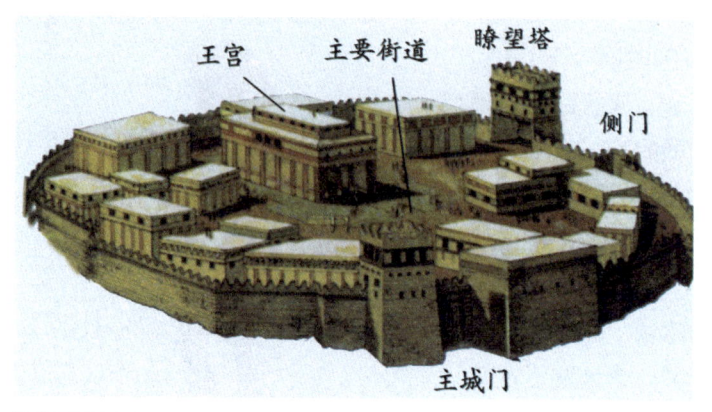

▲迈锡尼时代的特洛伊城复原图

了发掘,发现了古典时期的神殿和一些高大的建筑物。后来,曾做过谢里曼助手的威廉·德普费尔德继续进行卡尔弗特未竟的事业。德普费尔德发现了更多的大房屋、一座瞭望塔、近300米长的城墙,并认定特洛伊的存在。

德普费尔德的看法一直流行,40年后,一支美国探险队在卡尔·布利根的带领下来到希沙立克。布利根研究后认为,特洛伊的覆灭,绝对不可能是古希腊人的入侵造成的。因为城墙的一部分地基发生了移动,而其他部分则似乎彻底坍塌了。他认为这种破坏不可能是人为的,可能由是一场地震导致。

看来,究竟是特洛伊战争成就了"荷马史诗",还是"荷马史诗"成就了特洛伊战争,特洛伊战争究竟是真是假,这一切都湮没在漫漫的历史长河之中了。

▲爱和美的女神阿弗罗狄忒

"选美"引发的战争

故事还得从爱达山上的选美比赛说起,这恐怕算得上是世界上第一次选美了。进入决赛的是宙斯的妻子赫拉和他的两个女儿阿弗罗狄忒和雅典娜。宙斯把最终的裁决权交给了特洛伊王普里阿摩斯的儿子帕里斯。三位女神为了得到美后桂冠,都提出了贿赂帕里斯的条件。其中美丽女神阿佛洛狄忒许诺,如果她胜出,她将让帕里斯得到墨涅依斯的妻子、美女海伦的爱情。这个主意打动了帕里斯的心。于是,阿佛洛狄忒把海伦偷偷带到特洛伊,成全了帕里斯。墨涅依斯受妻子被掠之辱后与其他古希腊国王结盟,进军安纳托利亚,包围了特洛伊。攻守战持续了10年,特洛伊城仍未攻破。最后古希腊人心生一计:假装战败撤退,却把一个腹中装满士兵的巨型木马"遗弃"在城外。特洛伊人不知其中有诈,欢天喜地地把木马作为战利品运进了城。不想木马里的古希腊士兵如从天降,与城外的同伴里应外合拿下了特洛伊城,并将其夷为平地。墨涅依斯夺回爱妻,双双返回了古希腊。

"阿基米德羊皮书"之谜

▲ 正在进行研究的阿基米德

一份写有祈祷文的古老羊皮书，最早抄的是古希腊科学家阿基米德的伟大著作。这是一个在 2000 年的时间跨度里，"阿基米德羊皮书"如何流传至今的故事。2005 年 5 月，"古老与现代"在美国斯坦福同步辐射实验室里碰撞。实验室里直线加速器发出的 X 射线对准"阿基米德羊皮书"，让深埋在祈祷文下面的阿基米德遗作重见天日。这位伟大的古希腊科学家的这份羊皮书到底有什么特别之处，为什么科学家们给予如此高的评价？

"阿基米德羊皮书"离奇经历

阿基米德是生活在公元前 3 世纪古希腊伟大的数学家和物理学家，他对古代文明的影响富于传奇色彩。他同牛顿、爱因斯坦并称为科学界的三大伟人。

有学者考证，阿基米德在公元前 3 世纪亲手写的著作已经失传，目前传世的是从阿基米德原来的古希腊文手卷誊录到羊皮纸上的。这本"阿基米德羊皮书"共有 174 页。大约 200 年后，一名僧侣竟然拿出了修道院收藏的阿基米德遗稿，一页页洗去上面的墨水，然后再写上祈祷文，这被称为"阿基米德重写本"。

在 12 世纪，羊皮纸十分难得且昂贵，僧侣将古书改成祈祷文，似乎情有可原，加上阿基米德的著作在当时并不当红，事情也就无人追究了。当年，抄写者用五倍子溶液当墨水。五倍子是橡树和阿月浑子树叶的末梢上生长

▼ 英国近代著名物理学家、天文学家和近代力学奠基人牛顿

▲羊皮纸上淡淡的痕迹模糊不清

的球状物，用来抵御害虫的袭击，富含丹宁酸，碾碎后同硫酸铁混合，加上雨水、阿拉伯树胶和一点醋，便能制成色泽持久浓重的墨水。丹宁酸就会顺着文字的痕迹渗入纸张，即便墨水本身消失了，物理的痕迹仍将保留。幸运的是，这名僧侣当时并没有完全洗尽遗稿上的字迹，羊皮纸上还留着一些淡淡的痕迹。

1906年，丹麦古典学者约翰·卢兹维·海贝尔，在伊斯坦布尔的一个教堂图书馆里发现了它。他注意到了在祈祷文后面还隐约藏着一些有关数学的模糊文字，借助放大镜他能看清手稿的2/3。圣墓教堂不允许他把重写本带出去，于是，在抄写了几部分之后,他让当地的一名摄影师给其余书页拍了照，他用小纸片在这些页上做了标记。

海贝尔发现，"阿基米德羊皮书"原来的墨水已经被擦去，这不仅使阿基米德的专著散乱在祈祷文中，而且在书脊处阿基米德的一些重要论述也已经消失。更糟糕的是，阿基米德的这本羊皮书还被剪成两半，翻转90度后变成更小型的双页装订，然后用现代胶水固定在一起并包上皮革封面。人们在装订时，也不是按照羊皮书的原来顺序，而是随机地排列。历经几千年的流传，这本书上已经长出了霉菌，后来，手稿在古希腊和土耳其战争中失踪了。直到1998年，祈祷书在拍卖场现身，一个匿名的亿万富翁用200万美元买下了它，并把它借给美国马里兰州巴尔的摩市的沃特斯艺术博物馆，以供研究。

破解"阿基米德羊皮书"

沃特斯艺术博物馆珍稀古籍手稿保护研究学会会长阿比盖尔·库恩特负责"阿基米德羊皮书"的保护和破译工作。在显微镜下，库恩特用从手术室借来的精密医疗仪器，小心翼翼地拆除羊皮书的装帧，然后清除上面的蜡迹、霉菌。羊皮书有些部分十分脆弱，库恩特就用一种特殊的米纸把这些地方固定住。

清除整理完表面后，库恩特在250纳米（紫外线）至1050纳米（红外线）间的不同波长下，拍摄了一系列图像，该过程被称为多光谱成像。虽然阿基米德的著作和祈祷文都是用同一种墨水，但是因为相隔200年，因此有各自特殊的痕迹，对一定的波长有不同的反应。这种摄像被连接到特定的计算机

▶刻画阿基米德用于作战的庞大机械

上,借助分析卫星照片的软件,阿基米德的"笔迹"被增强了,从而产生了黑—灰—白的图像。

为了听到阿基米德的"声音",他们尝试了另一种办法:共焦显微镜法,这种方法最初是为研究人体细胞的不同层面而开发的,能看到从不同深度反射回来的光。

▲在这个实验室里科学家们利用科学手段进行恢复

2005年5月的一天,斯坦福同步辐射实验室的科学家乌韦·伯格曼在读一本杂志时,得知抄阿基米德论文和祈祷文时用的墨水里都含有铁,他马上意识到完全可以用他们实验室里的X光来读"阿基米德羊皮书"。于是,这些年从不出门的"阿基米德羊皮书",有3页被送到了加州的蒙洛帕克市,那里是实验室的所在地。沃特斯艺术博物馆珍稀古籍手稿保护研究学会会长阿比盖尔·库恩特,郑重地将手稿放到直线加速器所产生的X光里。

实验室里用的X光与进行体检时的X光不同,叫同步辐射光。蒙洛帕克的这个实验室有世界上为数不多的同步辐射光源。虽然它和日常接触的X光一样,都是电磁辐射,但它具有别的光不能比拟的优越性,成为各个科研领域都不可替代的先进科研工具。

"阿基米德羊皮书"真相大白

当"阿基米德羊皮书"中的内容被复原出一部分后,科学家们被书中的内容惊得目瞪口呆。在《机械定理方法》一文里,阿基米德解释他是如何使用力学工具来发展数学理论;《论浮体》一文里,他讲述的就是著名的"浮力原理"。

"阿基米德羊皮书"专案负责人诺尔表示,阿基米德在这篇《机械定理方法》论文中的贡献在于:其一,把物理和数学融会贯通,综合考虑,比如说他通过分析几何物体

▼阿基米德的机械原理在很多方面得到应用,特别是在战争中

的不同切面，成功地计算出物体的面积和体积；其二，他运用了无穷数这个概念，比如说当把球体体积看作无穷个圆相加，但是又如何才能把这无穷的圆相加而又得出确定的数目，阿基米德成功地解答了这个问题。众所周知，微积分是在1666年由牛顿发现的，世界科学界将微积分发现的那一年（1666）定为近代物理学的开始，美国科学家怎么也不会相信，古希腊数学家阿基米德早在公元前2世纪时就已经接近于发现这一"近代物理学"的基础了！

▲雕刻艺术中的阿基米德讲学图

在"阿基米德羊皮书"里，阿基米德的另一篇论文似乎只是在讲述一种小孩子的玩具，这种玩具叫"史多马奇恩"。阿基米德为什么要研究这种小孩子的玩具？是消遣还是另有他用？学者们认为，他可能对组合数学发生了兴趣，这门学科是数学的一个分支，是阐述组合与排列的科学。

阿基米德是怎么死的

据说罗马兵入城时，统帅马塞拉斯出于敬佩阿基米德的才能，曾下令不准伤害这位大师。而阿基米德似乎并不知道城池已破，又重新沉迷于数学的深思之中。

一个罗马士兵突然出现在他面前，命令他到马塞拉斯那里去，遭到阿基米德的严词拒绝，于是阿基米德不幸死在了这个士兵的刀剑之下。

另一种说法是：罗马士兵闯入阿基米德的住宅，看见一位老人在地上埋头作几何图形（还有一种说法他在沙滩上画图），士兵将图踩坏，阿基米德怒斥士兵："不要弄坏我的圆！"士兵拔出短剑，这位旷世绝伦的大科学家，竟如此地在愚昧无知的罗马士兵手下丧生了。

马塞拉斯对于阿基米德的死深感悲痛。他将杀死阿基米德的士兵当作杀人犯予以处决，并为阿基米德修了一座陵墓，在墓碑上根据阿基米德生前的遗愿，刻上了"圆柱容球"这一几何图形。

随着时间的流逝，阿基米德的陵墓被荒草湮没了。后来，西西里岛的会计官、政治家、哲学家西塞罗（公元前106—前43年）游历叙拉古时，在荒草中发现了一块刻有圆柱容球图形的墓碑，依此辨认出这就是阿基米德的坟墓，并将它重新修复了。

◀镶嵌画《阿基米德之死》，由于没有留下关于他的死因的确切记载，人们只能猜测其死因